Spiritualità

112

Introduzione

Oggi molti hanno nostalgia e sete di itinerari spirituali. Però cercano una spiritualità loro confacente non nella tradizione cristiana, bensì nelle religioni orientali. Spesso infatti hanno sperimentato una spiritualità cristiana troppo moraleggiante e troppo poco proficua in ordine a esperienze di trascendenza, di pace interiore e di armonia. Oggi abbiamo bisogno di un nuovo linguaggio e di nuove vie di esperienze in modo da ridisegnare e da praticare una spiritualità cristiana che interessi e interpelli le persone nel loro anelito di crescita integrale, di liberazione e di guarigione. La spiritualità dei monaci dei primi secoli (dal IV al VI secolo d.C.) costituisce un tesoro di spiritualità veramente inesauribile, da cui poter attingere le risposte alle domande e alle attese di chi è in ricerca. La loro spiritualità consiste nel vivere della sorgente interiore, cioè dello Spirito Santo. La spiritualità è la vita che conduce a Dio e insieme alla propria realtà, al proprio vero Sé (*Selbst*)[1]. Ecco perché vorremmo andare a scuola dai monaci antichi: per rintracciare quella via che ci faccia gustare l'armonia con noi stessi e ci porti a sperimentare l'autotrascendenza in Dio.

Nella storia della spiritualità ci sono oltre tutto due correnti: una *spiritualità dall'alto* e una *spiritualità dal basso*. Secondo quest'ultima Dio non ci parla soltanto nella Bibbia e per mezzo della chiesa, ma anche attraverso noi stessi, attraverso i nostri pensieri e sentimenti, attraverso il nostro corpo, i nostri sogni e anche attraverso le nostre piaghe spirituali, le nostre debolezze.

Tale via era praticata soprattutto nel monachesimo. I monaci antichi iniziavano innanzitutto dalle proprie passioni, dalla conoscenza di se stessi per conoscere e incontrare il vero Dio. Evagrio Pontico ci fornisce la formula classica di questa spiritualità dal basso: «Se vuoi conoscere Dio, impara prima a conoscere te stesso». L'ascesa a Dio comporta la discesa nella propria realtà interiore fin giù nelle profondità dell'inconscio. La spiritualità dal basso non considera la salita a Dio come una strada a senso unico e sempre nella direzione giusta. No, questo avanzare verso Dio è fatto di giri fuorvianti e

[1] Le discipline del profondo, specialmente la psicologia analitica di Jung, distinguono tra l'io, che rappresenta solo la parte conscia della psiche, e il Sé, un'istanza più profonda e completa, che ne include anche la parte inconscia e archetipica. Da un punto di vista religioso e in particolare nell'ottica di questo libro, il Sé corrisponde al nostro essere autentico e profondo, depositario della vocazione progettata da Dio per ciascuno di noi (*NdT*).

tortuosi, cioè di fallimenti e di autodelusioni. Non è prima di tutto la mia virtù ad aprirmi il varco a Dio, ma la mia debolezza, la mia impotenza, addirittura il mio peccato.

La spiritualità dall'alto è impostata sugli ideali, cioè sugli obiettivi che l'uomo attraverso l'ascesi e la preghiera dovrebbe raggiungere. Questi ideali sono ricavati dallo studio della sacra Scrittura, dalla morale cristiana e dalla visione che si ha di se stessi. Ecco le domande fondamentali della spiritualità dall'alto: come deve essere un cristiano? cosa deve fare? quali atteggiamenti deve incarnare? Questa spiritualità deriva dal grande desiderio umano di migliorare sempre di più, di salire sempre più in alto, di avvicinarsi sempre di più a Dio. Essa fu sostenuta soprattutto dalla teologia morale degli ultimi tre secoli, e dall'ascetica (dottrina sulla ricerca della perfezione cristiana)[2] così come è insegnata dai tempi dell'illuminismo.

La psicologia moderna è molto scettica nei confronti della spiritualità dall'alto, in quanto porta il pericolo di una lacerazione interiore della persona. Chi infatti si identifica con gli ideali rimuove spesso quella realtà di sé non corrispondente agli stessi. In questo modo la persona si scinde e si am-

[2] Il termine 'ascesi' non deriva dal latino *ascendere*, ma dal greco *áskesis* = esercitazione. Due tipiche connotazioni dell'ascesi sono lo sforzo e il metodo: in passato, almeno fino al Vaticano II, l'accento era posto sullo sforzo (rinuncia, mortificazione, abnegazione, accettazione della sofferenza), attualmente si insiste di più sul metodo: cfr. T. GOFFI, *Ascesi*, in S. DE FLORES – T. GOFFI (edd.), *Nuovo dizionario di spiritualità*, Edizioni Paoline, Roma 1979, 66 (*NdT*).

mala interiormente. Dalla psicologia arriva piuttosto la conferma di una spiritualità dal basso, come era praticata dagli antichi monaci. Risulta chiaro infatti dalla psicologia che la persona raggiunge la propria verità solo attraverso la conoscenza sincera di sé.

Ma nella spiritualità dal basso non si tratta soltanto di ascoltare la voce di Dio nei propri pensieri e sentimenti, nelle proprie passioni e malattie, e così scoprire l'immagine-progetto che Dio si è fatto di me. E nemmeno si tratta soltanto di ascendere a Dio scendendo nella propria realtà. Si tratta piuttosto di aprirsi a una relazione personale con Dio proprio quando si è giunti al capolinea delle proprie possibilità. La vera preghiera, dicono i monaci, sale dal profondo della nostra indigenza e non dalla nostra virtù.

Jean Lafrance, che descrive la preghiera dal profondo come preghiera specificamente cristiana, ha dovuto sperimentare a lungo il fallimento prima di approdare alla vera preghiera. Scrive al riguardo:

> Tutti gli sforzi che compiamo nell'ascesi e nella preghiera per giungere al possesso di Dio, vanno nella direzione sbagliata; assomigliamo a Prometeo che vuole impadronirsi del fuoco celeste. È importante riconoscere fino a che punto tale schema di perfezione si divarichi dalla via mostrata da Gesù nel vangelo [...]. Gesù non ha stabilito nessuna scala di perfezione su cui, salendo gradino per gradino, si giunga finalmente a possedere Dio, ma ha mostrato una via che porta giù nelle profondità dell'umiltà [...]. Di fronte dunque al bivio dobbiamo scegliere: quale strada prendere per arrivare a Dio, quella che sale o quella che scende? In base alla mia

> esperienza vorrei chiarire subito: volete raggiungere Dio attraverso l'eroismo e la virtù? Fate pure, è un vostro diritto. Ma vi avverto che andrete a battere la testa contro il muro. Se invece volete percorrere la strada dell'umiltà, vogliatelo con sincerità e non abbiate paura di scendere nei sotterranei della vostra miseria (*Lafrance*, 9s.).

La spiritualità dal basso affronta la domanda su che cosa dobbiamo fare quando tutto va storto, su come trattiamo i cocci della nostra vita e come da essi traiamo qualcosa di nuovo.

La spiritualità dal basso è la via dell'umiltà. Con questa parola oggi non siamo in buoni rapporti. Eugen Drewermann ha visto nell'umiltà, descritta da Benedetto da Norcia nella sua Regola come la vera via spirituale del monaco, un tipico esempio di eteronomia (*Drewermann*, 429). Leggendo però la letteratura spirituale del cristianesimo e di altre religioni, troviamo che dappertutto l'umiltà è descritta quale atteggiamento fondamentale della religiosità autentica. Ma non dobbiamo intendere l'umiltà come una virtù che noi stessi conquistiamo 'umiliandoci' e facendoci piccoli. L'umiltà non è in prima linea una virtù sociale, ma un atteggiamento religioso di fondo. La parola tedesca *Demut* (umiltà) è semanticamente piuttosto fuorviante: proviene dall'antico alto tedesco *diemuoti* (medio alto tedesco *diemuot* = atteggiamento servizievole) e descrive la virtù sociale del servire in rapporto ad altre persone.

La parola latina *humilitas* ha a che fare con *humus*, cioè terra: *humilitas* (umiltà) indica quindi il riconciliarsi con la nostra 'terrenità', con il peso della nostra materialità, con il nostro mondo istintuale e le nostre ombre. L'umiltà è il coraggio della propria verità. La lingua greca distingue tra *tapéinosis*[3], cioè la situazione oggettivo-materiale di abbassamento, di povertà, di miseria, e *tapeinophrosýnē*, che è l'atteggiamento soggettivo connesso con la povertà materiale, vale a dire l'umiltà e la povertà come mentalità spirituale. L'umiltà, intendendo il nostro rapporto con Dio, è quindi una virtù religiosa. Essa è ritenuta in tutte le religioni criterio di spiritualità autentica. È il luogo sotterraneo in cui poter incontrare il vero Dio. Solo laggiù, nel profondo, si può innalzare la vera preghiera.

In questo libretto vorremmo descrivere i due poli della spiritualità dal basso: la via che conduce al nostro vero Sé e a Dio attraverso la discesa nella nostra realtà, da una parte, e, dall'altra, l'esperienza dell'impotenza e del fallimento come luogo della vera preghiera e opportunità per giungere a una nuova relazione con Dio. La spiritualità dal basso descrive, in primo luogo, i passi terapeutici da fare per giungere al nostro vero essere; in secondo luogo, essa è la via religiosa che, attraverso l'esperienza del fallimento, porta alla preghiera, al 'grido dal profondo' e a una relazione profonda con Dio.

[3] *Tapéinosis* deriva dall'aggettivo *tapeinós* (= basso, meschino, disprezzato, miserevole, soggetto) con cui è connessa la parola italiana 'tapino'(= misero, tribolato) (*NdT*).

1.
Spiritualità dall'alto: tendere all'ideale

Non vogliamo contrapporre in modo radicale la spiritualità dal basso a quella dell'alto, l'unilateralità non giova mai. Intercorre una sana tensione tra queste due impostazioni spirituali. La spiritualità dall'alto pone davanti al nostro sguardo degli ideali di cui infervorarsi e infine da praticare. Gli ideali esercitano senz'altro un effetto positivo sulle persone. Soprattutto per i giovani gli ideali sono una necessità vitale, giacché senza questi la loro vita ruoterebbe intorno a se stessi. Non potrebbero sviluppare affatto le loro potenzialità che hanno in sé, e venire in contatto con le loro forze che attendono di essere risvegliate. Gli ideali attirano i giovani facendoli uscire da se stessi così che possano confrontarsi con se stessi, autosuperarsi e scoprire nuove possibilità. Senza gli ideali molti non vivrebbero le proprie potenzialità.

Per poter crescere ho bisogno di modelli: un personaggio cresce all'ombra di un altro personaggio. I santi possono essere per i giovani dei buoni modelli che li sfidano e li spronano a lavorare su se stessi e a scoprire la propria vocazione. Però non possiamo copiare meccanicamente i santi: l'intento di emularli non deve procurarci una cattiva coscienza per il fatto che non siamo santi come loro, bensì incoraggiarci a non essere troppo modesti e a scoprire la nostra vocazione personale, cioè a conoscere l'immagine unica che Dio si è fatto per ognuno di noi. L'abate del nostro monastero ha consegnato alla comunità questo motto: «*Tu hai più possibilità di quanto pensi; per non parlare delle possibilità che Dio tiene in serbo per te*».

Gli ideali sono fatti apposta per scoprire le possibilità che Dio ci ha donato. Da sempre la gioventù è capace di entusiasmarsi, a tale scopo ha bisogno di grandi ideali. L'entusiasmo è una forza che fa crescere i giovani mediante l'autosuperamento, e fa esercitare e ampliare le loro capacità. Quando non ci sono più ideali atti a svegliare l'entusiasmo, i giovani si ammalano psichicamente. Ecco che allora hanno bisogno d'altro per sentirsi in vita, hanno bisogno di frantumare violentemente qualcosa per autosuperarsi, hanno bisogno di ferire o talora addirittura di uccidere altre persone per sentirsi vivi, hanno bisogno di essere invasati da una specie di *amok*[4] per uscirne grandi. Quando l'entusiasmo giovanile

[4] L'espressione tedesca *Amok laufen* (derivata a sua volta dal malaisiano *amuk* = furioso) si riferisce a una persona che, colta da aggressività parossistica, corre in giro con un'arma colpendo chi capita (*NdT*).

viene strumentalizzato, come è avvenuto per esempio nel Terzo Reich, allora può sfociare nella catastrofe. Ma non solo i giovani, ogni persona ha bisogno di un'immagine esemplare a cui conformarsi e con cui formarsi.

La società di oggi è povera di modelli convincenti. La chiesa avrebbe oggi una grande opportunità se riuscisse ad annunciare con credibilità gli ideali del cristianesimo, come furono vissuti dalle grandi figure bibliche, ma anche dai santi nella storia della chiesa. Ma più importante del proclamare è il dare buon esempio. Quando abbiamo dei modelli, succede che il caos che abbiamo dentro si dipana e le varie forze interiori si riordinano intorno all'ideale vissuto da una figura esemplare. I modelli ci forniscono punti fermi e linee orientative; ci portano a sperimentare la forza e le potenzialità che Dio ha piantato in noi.

Non possiamo dunque fare a meno della spiritualità dall'alto che svolge la funzione importante di svegliare la vita in noi. Essa influisce patologicamente solo quando gli ideali perdono il contatto con la nostra realtà. Ci sono persone che si prefiggono ideali che non potranno mai raggiungere, ecco che, per non cedere alla rassegnazione, rimuovono la propria realtà identificandosi con l'ideale. Ma ciò porta alla scissione psichica: esse diventano cieche riguardo alla propria realtà, per esempio non vedono l'aggressività che si nasconde dietro la loro religiosità. La scissione porta, in primo luogo, a vivere su due piani che non interagiscono più tra loro, in secondo luogo porta a proiettare negli altri le proprie passioni rimosse. Per attenersi all'ideale, si rimuovono le proprie ombre[5] proiettandole in altri contro i quali ci si comporta con indignazione. La rimozione del male che alberga in noi porta alla demonizzazione degli altri che, in nome di Dio, vengono spesso trattati brutalmente.

La spiritualità dall'alto si trova per lo più all'inizio del nostro cammino spirituale. Ma per ognuno arriva il momento in cui dovrà coniugare la spiritualità dall'alto con quella dal basso, per rimanere vitale. Altrimenti si avrà come risultato la patologia di scissione. Si deve quindi prendere sul serio la propria realtà e metterla in relazione con gli ideali. Solo su questa base può avvenire la trasformazione.

Anziché parlare di ideali biblici preferiamo parlare delle promesse di Dio. Dio ci mostra nella Bibbia di che cosa siamo capaci, se ci affidiamo al suo Spirito. Gli ideali espressi nel discorso della montagna sono un esempio di queste promesse. Possiamo vivere tali ideali soltanto se abbiamo avuto l'esperienza esistenziale di essere figli e figlie di Dio. Soltanto a questa condizione gli ideali (promesse) ci conducono a una libertà e ampiezza di orizzonti che ci fanno bene. Quando invece vediamo nel discorso della montagna degli ideali da praticare con tutti i nostri sforzi, è in agguato il pericolo di scissione in quanto sperimentiamo che non è sempre possi-

[5] Con il termine *Schatten* (= ombra) Jung denota il lato oscuro, inferiore, indifferenziato che si contrappone all'io cosciente. Le ombre non sono male assoluto, anzi se 'integrate' (per esempio accettare il bambino o il primitivo che è in noi) renderebbero l'esistenza più vivace e bella (*NdT*).

bile raggiungerli. Il discorso della montagna, infatti, ci descrive un comportamento che risponde all'esperienza della redenzione in Gesù Cristo. Un buon criterio relativo a questa esperienza è l'aver compreso o meno la misericordia di Dio in Gesù Cristo.

Il pericolo della spiritualità dall'alto consiste nel pensare di raggiungere Dio con le sole proprie forze. Ecco come Lafrance descrive questa «perfezione su sentiero interrotto» (*Holzweg-Vollkommenheit*):

> L'uomo si è rappresentato la perfezione in generale come una crescita costante oppure come una salita più o meno difficoltosa, come risultato di sforzi umani. Per cui elabora un determinato itinerario ascetico o delle tecniche di preghiera da proporre alla generosità umana come mezzo per salire i gradini della perfezione. Quando il discepolo fa presente al maestro spirituale l'impossibilità di raggiungere la meta, si sente spesso rispondere: «Basta solo sforzarsi». Raggiunto l'ultimo gradino della salita ecco che questo sforzo sboccerà spontaneamente in libertà (*Lafrance*, 9).

Eppure col nostro sforzo non riusciamo a raggiungere Dio. Il paradosso è questo: tutta la nostra lotta spirituale ci porta soltanto ad ammettere che con la sola lotta non riusciamo né a migliorarci né a raggiungere Dio. Non possiamo fare di noi quello che vogliamo. A un certo punto tocchiamo i limiti, è giocoforza allora ammettere che con le sole nostre forze necessariamente falliremo, e che soltanto la grazia di Dio ci può trasformare.

2.
Fondazione di una spiritualità dal basso: scendere nei sotterranei della propria realtà

Esempi biblici

La Bibbia non ci mette mai sotto gli occhi quali modelli della fede, persone perfette e senza difetti, ma proprio dei personaggi che, dopo aver commesso gravi colpe, hanno gridato a Dio dal profondo. Ecco Abramo che in Egitto rinnega sua moglie facendola passare per sua sorella, e questo per ricavarne dei vantaggi. Succede però che il faraone accoglie Sara nel proprio *harem*. Dio stesso dovrà intervenire per liberare il 'padre della fede' dalle conseguenze della sua bugia (*Gen* 12,10-20). Mosè, il liberatore d'Israele dall'Egitto, era un omicida. In un eccesso di rabbia aveva ucciso un egiziano. Anzitutto dovrà confrontarsi con la propria inutilità, che egli vede riflessa nell'immagine del roveto ardente, per essere assunto da Dio nel suo servizio proprio in quanto fallito.

E Davide, il re d'Israele per antonomasia, archetipo di tutti gli altri re, commette una colpa grave facendo l'amore con Bersabea, moglie di Uria. Quando lei si troverà incinta, egli ordinerà di lasciar l'ittita Uria solo a combattere, così che venga ucciso.

I grandi personaggi e le figure-chiave dell'Antico Testamento dovettero prima attraversare l'abisso della propria colpa e impotenza, per porre la loro speranza soltanto in Dio, lasciandosi così trasformare da Dio in figure-guida della fede e dell'obbedienza a Dio.

Nel Nuovo Testamento Gesù sceglie proprio Simon Pietro per essere la pietra base della sua comunità. Pietro non capisce Gesù, vorrebbe stornarlo dalla sua decisione di andare a Gerusalemme incontro a una morte sicura. Gesù lo chiama un 'satana' e gli ordina di allontanarsi da lui (*Mt* 16,23). Alla fine Pietro rinnega Gesù, quando fu arrestato; poco prima aveva solennemente giurato: «Anche se dovessi morire con te, non ti rinnegherò» (*Mt* 26,35). Era necessario che egli sperimentasse di non riuscire a garantire per se stesso, nonostante la solenne promessa. Quando alla fine tradì Gesù, Pietro «uscito all'aperto, pianse amaramente» (*Mt* 26,75).

Gli evangelisti non hanno attenuato il rinnegamento di Pietro. Appare evidente che per loro era importante manifestare senza riguardi la verità che Gesù non aveva scelto apostoli pii e affidabili, ma uomini peccatori e difettosi. Eppure ha fondato proprio su questi uomini la sua chiesa. Essi erano i testimoni adatti della misericordia di Dio, come l'aveva annunciata Gesù Cristo e testimoniata con la sua morte. Pietro è diventato la roccia-pietra per gli altri proprio attraverso la sua colpa. Ha infatti sperimentato che la roccia non è lui, ma solo la fede, cui deve stare aggrappato per poter restare fedele a Cristo nella lotta.

Paolo, in quanto fariseo, era il tipico rappresentante di una spiritualità dall'alto. Dirà di se stesso: «Voi avete certamente sentito parlare della mia condotta [...] superando nel giudaismo la maggior parte dei miei coetanei e connazionali, accanito com'ero nel sostenere le tradizioni dei padri» (*Gal* 1,13s.). Egli aveva in grande considerazione gli ideali dei farisei, osservava con scrupolosità i comandamenti e i precetti per adempiere la volontà di Dio. Ma sulla via di Damasco cade da cavallo e precipita a terra. In quel momento la sua spiritualità dall'alto va a pezzi. Eccolo giacere a terra, dove sperimenta la propria impotenza. Tutti gli ideali su cui aveva puntato si oscurano, non riesce a vedere più niente.

In questa oscurità si confronta con se stesso e con la propria nullità. Sperimenta allora che cosa significhi la spiritualità dal basso, l'essere cioè in balia della propria realtà di miseria. Però nello stesso tempo sperimenta che Cristo stesso agisce in lui e lo trasforma. Il messaggio paolino della 'giustificazione per sola fede' testimonia questa esperienza. Esso esprime che non possiamo raggiungere Dio attraverso la virtù e l'ascesi, ma soltanto riconoscendo la nostra impotenza. Soltanto a queste condizioni acquisiamo una sensibilità per ciò che è la grazia.

Anche dopo la conversione Paolo non è completamente risanato e trasformato; soffre di una malattia per lui chiaramente umiliante, che gli fa dire: «Perché non montassi in superbia per la grandezza delle rivelazioni, mi è stata messa una spina nella carne, un inviato di satana incaricato di schiaffeggiarmi, perché io non vada in superbia» (*2 Cor* 12,7). Ma la malattia non impedisce a Paolo di annunciare la buona notizia. Secondo l'esegesi più accreditata, la grande sofferenza che Paolo deve sopportare è «una malattia che paralizza la sua forza e lo umilia» (*Schelkle*, 206). Forse si tratta della sua struttura nevrotica che permane anche dopo la sua conversione e che Dio utilizza per riformulare il messaggio della redenzione e della liberazione.

Paolo si vanta addirittura della sua debolezza, consapevole che la grazia di Dio gli basta. L'esperienza della sua malattia, evidentemente penosa, lo rende aperto alla grazia di Dio, la sola che conta. Come nessun altro egli annuncia la salvezza liberatrice in Gesù Cristo. Ecco perché Dio non lo libera dalla malattia, ma per tutta risposta gli dice: «Ti basta la mia grazia; la mia potenza infatti si manifesta pienamente nella debolezza» (*2 Cor* 12,9).

La potenza di Dio si manifesta tanto più fortemente in noi, quanto minore è la nostra forza. Il nostro desiderio è di diventare più forti mediante Dio, di essere ben piazzati davanti agli uomini, di migliorare moralmente attraverso la vita spirituale. Ma il paradosso è questo: proprio là dove siamo deboli e non disponiamo di noi stessi, dove un 'inviato di satana' ci tormenta, siamo più aperti a Dio e alla sua grazia. Perciò Paolo accetta l'impotenza e la debolezza: «quando sono debole, è allora che sono forte» (*2 Cor* 12,10). Nella sua debolezza è libero dalla tentazione di raggiungere Dio con le sole proprie forze. Si arrende rimettendosi nelle mani di Dio, sapendosi rinfrancato e protetto dalla sua grazia.

Nel comportamento e nell'annuncio di Gesù incontriamo ripetutamente una spiritualità dal basso. Gesù si rivolge di proposito ai pubblicani e ai peccatori perché s'accorge che essi sono aperti all'amore di Dio. I giusti invece, nel loro sforzo di perfezionamento spirituale, ruotano spesso intorno a se stessi. Gesù si mostra misericordioso e mite di fronte ai peccatori e ai deboli, mentre è duro nel condannare i farisei.

I farisei personificano la tipica spiritualità dall'alto. Essi hanno sicuramente i loro lati buoni e vogliono piacere a Dio in tutto il loro agire, ma non si accorgono che il perno di tutto lo zelo, che dispiegano nell'osservare tutta la folta precettistica, non è Dio, ma se stessi. Credono di poter adempiere con le proprie forze i comandamenti di Dio: più che all'incontro con lui sono interessati alla giustizia e all'adempimento della legge. Anche se vogliono fare tutto per Dio, in realtà ne fanno a meno. Per loro è determinante l'osservanza delle norme e il perseguimento degli ideali che si sono prefissi. Con tutta la loro fissazione sulle prescrizioni dimenticano ciò che Dio vorrebbe propriamente dall'uomo. Nel *vangelo di Matteo* Gesù per due volte dice loro espressamente: «Misericordia io voglio e non sacrificio» (*Mt* 9,13).

Nella parabola *del fariseo e del pubblicano* Gesù mostra che non vuole una spiritualità dall'alto, ma una dal basso, perché questa apre l'uomo a Dio. Il cuore contrito, ferito e infranto è aperto a Dio. Il pubblicano che conosce il proprio peccato, che sa dell'impossibilità di poter riparare il suo torto, pentito si batte il petto e chiede perdono a Dio; lui sarà giustificato da Dio (*Lc* 18,9-14).

La spiritualità dal basso si chiarisce soprattutto nelle parabole di Gesù. Nella parabola del *tesoro nascosto* Gesù ci mostra che noi possiamo trovare il tesoro – il proprio Sé, l'immagine-progetto che Dio si è fatta di noi – proprio nel campo, nella terra, nel fango (*Mt* 13,44-46). Dobbiamo prima sporcarci le mani scavando nella terra, se vogliamo trovare il tesoro nascosto in noi. La parabola della *perla preziosa* ci fa vedere un altro aspetto della spiritualità dal basso: la perla è un'immagine di Cristo in noi. Essa cresce nelle ferite delle conchiglie. Troviamo dunque il tesoro in noi quando veniamo in contatto con le nostre ferite.

Pertanto la ferita non è solo il luogo in cui veniamo in contatto con il nostro Sé. Là dove siamo giunti al capolinea, dove non ci resta che darci per vinti, può crescere la relazione con Cristo, possiamo intuire di essere del tutto Cristo-dipendenti. Là cresce allora la nostalgia e l'anelito del Redentore e Salvatore, là tendiamo verso colui che toccando le nostre ferite le risana. Cristo, il vero Sé, è la *dramma* che, perduta nel disordine della nostra casa interiore, dobbiamo ora cercare (*Lc* 15,8s.). Potremo trovarla soltanto se spostiamo i mobili, non serve il fatto che li abbiamo sistemati bene. Dio stesso con una crisi scompiglia tutto il nostro 'ordine' interiore, affinché ritroviamo la dramma persa per negligenza.

Un'altra parabola con cui Gesù fonda la spiritualità dal basso è quella della *zizzania* in mezzo al buon grano (*Mt* 13,24-30). La spiritualità dall'alto, nell'intento di perseguire gli ideali, si separa sempre di più dalla zizzania che si trova nell'anima umana. L'ideale è rappresentato dall'uomo puro e giusto che non ha più difetti e debolezze, e dalla chiesa pura. Però tale visione porta facilmente al rigorismo: si vorrebbero con ogni rigore escludere dalla chiesa i deboli e i peccatori. Matteo probabilmente ha indirizzato questa parabola ai rigoristi presenti nella sua comunità. Ma, leggendovi una metafora dei rapporti interiori, la parabola proibisce anche quel rigorismo che usa violenza contro le proprie debolezze.

Gesù paragona la nostra vita a un campo in cui Dio ha seminato il buon seme. Però nella notte il nemico vi si reca e semina la zizzania in mezzo al grano. I servi, che domandano al padrone se vuole che essi strappino subito la zizzania, stanno per l'idealista rigoroso il quale vorrebbe sradicare subito tutti i difetti. Ma il Signore risponde loro: «No, perché non succeda che, cogliendo la zizzania, con essa sradichiate anche il grano. Lasciate che l'una e l'altro crescano insieme fino alla mietitura» (*Mt* 13,28s.). Le radici della zizzania sono talmente intrecciate a quelle del grano che, con la zizzania, verrebbe strappato anche il grano. Chi vuol essere senza difetti finisce per estirpare insieme alla sua passione anche la sua vitalità, distrugge insieme alla sua debolezza anche la sua forza. Sul campo di chi vuole essere corretto in tutto e per tutto crescerà solo del grano povero.

Molti idealisti hanno il chiodo fisso della zizzania presente nella loro anima, continuano a ruotare intorno al compito di estirparla, ma così la vita ne soffre. A furia di correttezza rimangono alla fine senza forza, senza passione, senza cuore. La zizzania richiama l'ombra, in cui releghiamo ciò che abbiamo rimosso in quanto ripugnante e non rispondente ai nostri parametri. Essa è semplicemente dentro di noi; è stata seminata di notte, cioè giace nel nostro inconscio. Per quanto lottiamo – di giorno, cioè sul piano del conscio – contro tutto ciò che è negativo e oscuro, di notte succede che la zizzania venga seminata nostro malgrado. È quindi compito nostro riconciliarci con la nostra zizzania, in questo modo sarà possibile che il grano cresca nel campo della vita. Alla fine della nostra vita terrena sarà Dio stesso che separerà la zizzania dal grano buono, allora tutta la zizzania che abbiamo dentro sarà bruciata. Ma non spetta a noi bruciarla prima del tempo; in questo modo annienteremmo insieme anche un pezzo della nostra vita.

In molte immagini simboliche Gesù ci indica di scegliere proprio ciò che è debole e povero. I ricchi che se la cavano bene nella vita, che sono in grado di soddisfare da se stessi tutti i loro desideri, saranno esclusi dal banchetto nuziale del regno dei cieli. Vi saranno invitati invece i poveri, gli storpi, gli zoppi e i ciechi (cfr. *Lc* 14,12-14).

Il *ricco epulone*, «l'Ego che ha tutto quello che vuole ed è vittima di un'*hybris*, di una concezione esagerata della propria importanza» (*Sanford*, 161), andrà all'inferno. Il povero Lazzaro – che rappresenta ciò che è povero e respinto in noi, ciò che è ferito e offeso, ciò che ha fame e sete – andrà in cielo.

È proprio la realtà persa e repressa che Dio accoglie (cfr. le parabole della *pecora smarrita* e del *figlio prodigo*). Infatti là dove l'uomo non ha niente, è aperto al dono della grazia. Gesù dichiara beati i poveri, quelli che hanno fame e sete della giustizia, gli afflitti, quelli che non possono contare su se stessi e sulle proprie forze, ma dipendono e si appoggiano in tutto e per tutto sulla grazia di Dio. Saranno loro a ereditare il regno di Dio, loro ad avere sentore della signoria di Dio nel proprio cuore.

L'incarnazione stessa di Dio in Gesù Cristo è già un segno della spiritualità dal basso. Gesù nasce in una stalla, non in un palazzo; non nella capitale, ma a Betlemme, in provincia, cioè vuol nascere in quella parte di noi che non ha importanza. C.G. Jung ribadisce spesso che noi siamo soltanto la stalla in cui nasce Dio. In noi c'è tanto sporco come in una stalla. Non abbiamo niente da mettere in bella mostra davanti a Dio. Ebbene proprio là dove siamo poveri e deboli, Dio vuole abitare.

Lo stesso motivo ricorre nel *battesimo di Gesù*. Il cielo si apre sopra Gesù quando egli sta nelle acque del Giordano. L'acqua del Giordano è piena delle colpe delle persone che

Giovanni vi ha battezzato. Proprio mentre egli sta in mezzo alle colpe degli uomini, ecco che si aprono i cieli e Dio dice a Gesù: «Tu sei il Figlio mio prediletto, in te mi sono compiaciuto» (*Mc* 1,11). Così accadrà anche a noi: soltanto quando siamo disposti come Gesù a scendere nelle acque del Giordano, a stare immersi nelle nostre colpe, è possibile che i cieli si aprano sopra di noi e Dio pronunci la parola di approvazione assoluta della nostra esistenza: «Tu sei il mio figlio prediletto, la mia figlia prediletta, in te mi sono compiaciuto».

Morendo in croce Gesù scende giù nel regno della morte. La chiesa dei primi secoli considerava il *descensus ad inferos* di Gesù come l'immagine ancestrale della redenzione. Nel Sabato santo essa ricorda questa discesa nelle viscere della terra. Negli inferi, dove l'uomo è al capolinea, dove è escluso da ogni comunicazione, dove non può più far niente, dove è solo e isolato, ivi avviene anche il rovesciamento, ivi Gesù prenderà gli uomini per mano e ascenderà con loro alla Vita.

A partire da Origene il *descensus ad inferos* è diventato anche l'immagine della discesa di Gesù nella parte in ombra della nostra anima. Macario il grande dice: «L'abisso è nel tuo cuore; gli inferi sono nella tua anima» (*Miller*, 170). La discesa di Cristo nel regno delle ombre dell'anima è, per i padri della chiesa, un evento salvifico. La profondità della nostra anima viene illuminata e tutta la realtà rimossa viene toccata da Cristo e risvegliata alla vita. Discesa e ascesa sono immagini simboliche che descrivono in tutte le religioni la trasformazione dell'uomo operata da Dio.

Con le due parole 'discendere' e 'ascendere' il *vangelo di Giovanni* descrive il mistero della redenzione in Cristo: «Eppure nessuno è mai salito al cielo, fuorché il Figlio dell'uomo che è disceso dal cielo» (*Gv* 3,13). Se vogliamo con Cristo ascendere al Padre, dobbiamo prima con lui discendere nella terra, nel terreno della nostra umanità. Hanno questo tenore anche le considerazioni della *lettera agli Efesini*, utilizzata dalla liturgia nella festa dell'Ascensione: «Ma che significa la parola 'ascese', se non che prima era disceso quaggiù sulla terra? Colui che discese è lo stesso che anche ascese al di sopra di tutti i cieli, per riempire tutte le cose» (*Ef* 4,9s.).

Espressione classica di questa spiritualità dal basso è l'inno dei primi cristiani, citato da Paolo nella *lettera ai Filippesi*:

> Abbiate in voi gli stessi sentimenti che furono in Cristo Gesù, il quale, pur essendo di natura divina, non considerò un tesoro geloso la sua uguaglianza con Dio; ma spogliò se stesso, assumendo la condizione di servo e divenendo simile agli uomini; [...] umiliò se stesso facendosi obbediente fino alla morte e alla morte di croce. Per questo Dio l'ha esaltato e gli ha dato il nome che è al di sopra di ogni altro nome (*Fil* 2,6-9).

I primi cristiani vedevano l'essenza della salvezza nella discesa nel nostro essere umano e nell'ascesa «al di sopra di tutti i cieli». Con immagini sempre nuove lodavano la discesa di Dio tra gli uomini, il suo abbassamento fino alla condizione di schiavo; vi vedevano l'espressione dell'amore divino, cosa del tutto inconcepibile al nostro pensiero prima della venuta di Cristo. La discesa di Cristo, la sua autoalienazione (*kénosis*), rovesciava tutti i nostri concetti di Dio e degli uomini; ed essa è divenuta nel frattempo il modello della nostra esistenza. Paolo ci esorta a quel comportamento rappresentato dalla discesa di Cristo: «Abbiate in voi gli stessi sentimenti che furono in Cristo Gesù» (*Fil* 2,5).

La tradizione del monachesimo

Per i primi monaci la via che conduceva a Dio passava attraverso l'incontro con la propria realtà: l'incontro con Dio presuppone l'incontro con se stessi. Prima che il monaco impari a pregare senza distrazioni e, nella contemplazione, a fondersi in unità con Dio, dovrà innanzi tutto familiarizzarsi con le sue passioni. Dovrà scendere a fare i conti con la propria realtà, prima di potersi innalzare a Dio. Ecco che cosa racconta al riguardo un detto-aneddoto dell'abate Poimen.

> Una volta venne dal venerando padre Poimen [uno dei più noti padri dei monaci del IV secolo] un altro eremita, che pure era rinomato nella sua regione, per parlare con lui. Un fratello, che lo conosceva, lo accompagnò dal patriarca Poimen. Egli condusse l'eremita dal vegliardo cui lo presentò dicendo: «Ecco, ti presento un uomo che gode grande fama e simpatia in zona. Gli ho parlato di te, è venuto qui con il desiderio di vederti». Il vegliardo lo accolse dunque con gioia, si salutarono a vicenda e si sedettero. Il forestiero cominciò a par-

lare della Scrittura, di cose spirituali e celesti. Ma l'abate Poimen, voltatogli la faccia, non gli dava risposta. Accortosi di ciò l'eremita, se ne uscì turbato e disse al fratello accompagnatore: «Ho fatto tutto questo viaggio per il niente, il vecchio infatti non vuole conversare con me!». Allora il fratello entrò dal padre Poimen e gli disse: «Padre, questo uomo famoso è venuto apposta per te, perché non hai parlato con lui?». Il vegliardo rispose: «Lui abita nelle altezze e dice cose celesti, ma io appartengo alla realtà di quaggiù e parlo solo di cose terrestri. Se avesse parlato delle passioni dell'anima, allora gli avrei senz'altro risposto. Ma se lui invece mi porta il discorso su cose spirituali, io non ci capisco di queste cose». Il fratello uscito fuori disse all'eremita: «Il vecchio ha difficoltà a parlare della Scrittura, ma se uno conversa con lui sulle passioni dell'anima, allora gli risponde».
Il forestiero ravvedutosi entrò di nuovo da lui e gli disse: «Che cosa devo fare quando le passioni dell'anima hanno il sopravvento su di me?». Allora il vegliardo, rallegrandosi di lui, rispose: «Ecco adesso ha un senso la tua venuta, ora apri pure la tua bocca per conversare e io la riempirò di beni». Il forestiero, avendone ricavato grande giovamento, disse: «Veramente questa è la via giusta!». E ritornò al suo paese ringraziando Dio di essere stato fatto degno di incontrare un tal santo (*Apo*, 582).

Solo quando con sincerità parlano di sé e delle proprie passioni, Poimen e il forestiero raggiungono Dio, il cui Spirito li unisce insieme. Nel bel mezzo del dialogo, che verte sulla propria realtà, di colpo Dio diventa un'esperienza immediata: hanno contatto reciproco con Dio appunto perché sono in contatto con se stessi. Poimen rappresenta una spiritualità dal basso, che parte dalle passioni, dai sentimenti e dai bisogni. Bisogna prima studiare questi per poter incontrare il

Dio vero e non le nostre proiezioni di lui. La via spirituale, che porta alla contemplazione e all'unificazione con Dio, passa attraverso il confronto con i pensieri e con le passioni.

Anche l'esperienza dei propri peccati è un modo per toccare con mano la propria impotenza a migliorare se stessi. Piangere sul proprio peccato era per i primi monaci espressione di intensa esperienza di Dio. Ecco che cosa dice Isacco il Siro a tal proposito:

> Colui che conosce i propri peccati è più grande di colui che con la preghiera fa risuscitare i morti [...]. Colui che per un'ora sospira e si lamenta di se stesso è più grande di colui che insegna l'universo. Colui che conosce la propria debolezza è più grande di colui che vede gli angeli [...]. Colui che solitario e contrito segue Cristo è più grande di colui che gioisce del favore delle masse nelle chiese (*Lafrance*, 11).

Lo *starec*[6] Siluan, morto nel 1938 sul monte Athos e vissuto in concetto di santità nella tradizione del primo monachesimo, una notte, in cui ha combattuto inutilmente contro i demoni, sente la risposta di Dio:

> Gli orgogliosi soffrono costantemente a causa dei demoni. Signore – gli dico io – giacché tu sei misericordioso, fammi

[6] I libri dei padri *Paterika* si chiamavano anche *Gherontika* (dal greco *gherón* = vecchio), cioè il vecchio aveva la stessa dignità del semitico *abbas* (= padre). Lo stesso significato e dignità di *gheron-abbas* è passato poi al termine slavo *starec* (= vecchio). A partire dal XVIII secolo sono famosi i monaci russo-ortodossi *startsi* (plurale di *starec*), per lo più laici, che introducono i giovani all'ascetica e alla mistica, e svolgono anche funzioni pastorali (*NdT*).

> sapere cosa devo fare affinché la mia anima diventi umile! E il Signore rispose alla mia anima: Tieni la tua coscienza nell'inferno e non dubitare (*Lafrance*, 51s.).

In questo modo Siluan fu purificato nel suo spirito e trovò la tranquillità.

Che cosa significa questo esercizio di tenere la propria anima nell'inferno e di non dubitare? L'inferno è la separazione assoluta da Dio, è lo stato di lacerazione interiore, di indurimento, di vuoto. L'inferno è in ciascuno di noi. Se noi non lo fuggiamo, ma teniamo immersa la nostra coscienza in questo abisso della nostra anima senza dubitare, riusciremo a intuire che solo Dio può liberarci da questo inferno, che nel profondo avviene il capovolgimento di tutte le cose, che la redenzione di Cristo ci afferra nello stato più grave di indigenza e di abbandono.

Olivier Clément, avendo vissuto l'esperienza di *starec* Siluan nel proprio corpo, ha capito chiaramente che la redenzione di Cristo penetra dentro l'inferno, come canta la liturgia pasquale:

> Da oggi tutto è inondato di luce: il cielo, la terra e lo stesso inferno. Sapere di essere salvati dall'inferno, anzi nell'inferno, sapere di avere solo una scelta, quella di essere il ladrone o di sinistra o di destra, comunque sempre un ladrone [...] ciò vuol dire entrare in una concezione di estrema umiltà, di *metánoia* costante, ciò significa il rovesciamento del nostro essere prigionieri nel mondo, la rottura con l'idolatria del proprio io (*Clément*, 130).

La spiritualità dal basso diventa chiara nelle parole dell'abate Antonio:

> Se vedi che un giovane monaco con la sua volontà vola verso il cielo, afferralo per i piedi e tiralo giù, poiché non ne ricaverebbe alcun vantaggio (*Smolitsch*, 32).

Proprio i giovani si trovano nel pericolo di perseguire grandi ideali, di meditare moltissimo per diventare spirituali il più presto possibile. Antonio si manifesta decisamente contrario a tale atteggiamento. Il giovane deve prima venire a contatto con se stesso e la sua realtà, se vuol raggiungere Dio. Altrimenti farà il supervolo di Icaro, ma precipiterà repentinamente, avendo le ali di cera. Noi abbiamo bisogno di poggiare bene per terra per poter riuscire nel rimbalzo verso Dio.

John Wellwood, un esperto americano della meditazione, parla di *spiritual bypassing* (scorciatoia spirituale) cioè del «tentativo di negare o di trascendere affrettatamente i bisogni umani fondamentali, i sentimenti e i compiti propri delle fasi di sviluppo» (*Wellwood*, 69), attraverso l'impiego di tecniche e di esercizi spirituali. La spiritualità dal basso esige che, nel mio cammino spirituale, mi confronti prima con la mia realtà, accettando anche la mia vitalità e sessualità. Diversamente sto tentando di sorvolare le mie ombre per giungere anzitempo a Dio mediante uno *spiritual bypassing*. Il quale poi non sarebbe il vero Dio, ma soltanto una mia proiezione di lui. Di Isacco di Ninive si tramanda il seguente detto:

> Studiati di entrare nella stanza del tesoro della tua interiorità, così vedrai la stanza celeste! Infatti questa e quella sono l'identica realtà. Entrandovi vedrai entrambe. La scala che porta al regno dei cieli sta nascosta in te, nella tua anima. Tuffati in te stesso fuggendo dal peccato e lì troverai le scale su cui poter salire (*Bickell*, 302).

Qui la via che porta a Dio è un discendere nella propria realtà. Il buttarsi nel proprio profondo avviene partendo dal peccato. È proprio il peccato che mi costringe ad abbandonare gli ideali spirituali da me costruiti per 'buttarmi giù' nel sotterraneo della mia anima. Ivi incontrerò il mio cuore e insieme Dio; ivi troverò la scala per salire a Dio.

La spiritualità dal basso diventa visibile anche nelle parole dell'abate Doroteo di Gaza: «La tua caduta, dice il profeta (*Ger* 2,19), sarà il tuo educatore» (*Doroteo*, 41). Proprio la caduta, il fallimento, il peccato possono essere l'educatore che ci guida nell'itinerario a Dio. Doroteo è convinto che proprio le difficoltà che ci capitano, o anche la colpa e il fallimento, hanno il loro senso:

> Dio sapeva che per l'anima mia era giusto così, e così avvenne. Poiché tra tutto ciò che Dio permette che accada, non c'è niente di inadatto; al contrario, tutto è sensato e conforme al fine. Non bisogna dunque perdersi di coraggio, pur trovandosi tra le più gravi avversità, poiché tutto è sottomesso alla divina provvidenza e a servizio delle sue sante intenzioni (*Doroteo*, 157s.).

Anche tutti i detti dei padri relativi all'umiltà fanno vedere che la spiritualità degli antichi monaci era una spiritualità dal basso, la quale porta a Dio attraverso l'incontro con la propria realtà e propriamente con quella fallimentare.

La Regola di Benedetto da Norcia

Benedetto descrive la spiritualità dal basso nel capitolo più lungo della sua Regola, il capitolo settimo dedicato all'umiltà. Si può facilmente presumere che la posizione settima di questo capitolo non sia casuale: il numero sette significa la trasformazione dell'uomo a opera di Dio. Così abbiamo i sette sacramenti e i sette doni dello Spirito Santo che penetrano l'interiore dell'uomo trasformandolo. Spesso i monaci si sono accalorati nel discutere questo capitolo: l'umiltà non suona bene alle nostre orecchie! La tradizione della Bibbia e dei padri della chiesa col termine *humilitas* non intende una virtù morale o sociale, ma un atteggiamento religioso. Pertanto il capitolo sull'umiltà non descrive l'itinerario del monaco in ordine alla virtù, ma la via spirituale, la via interiore, la via della maturazione umana e della contemplazione, la via della crescita nell'esperienza di Dio. La via dell'umiltà conduce a Dio attraverso la discesa nella propria 'terrenità' e umanità. Ascendere discendendo, ecco il paradosso della spiritualità dal basso benedettina.

Con le sue riflessioni sull'umiltà Benedetto è in compagnia dei padri della chiesa e del primo monachesimo. Per Basilio l'umiltà consiste nel motto: conosci te stesso. Per Origene essa è la virtù *tout court* che include tutte le altre, è un dono prezioso di Cristo all'umanità, essa «è la vera e propria sorgente di energia del cristiano» (*RAC*, 756). Essa soltanto ci rende capaci della vera contemplazione. Gregorio di Nissa pensa che l'uomo possa imitare Dio solo nella sua umiltà; per cui l'umiltà sarebbe la via che porta all'assimilazione a Dio. Giovanni Crisostomo la vede in connessione con la dignità umana e mette in guardia da una falsa umiliazione di se stessi.

È Agostino che elabora la dottrina dell'umiltà più dettagliata. Per lui l'umiltà consiste nel riconoscimento della propria dimensione e nella sincera conoscenza di sé. Nell'umiltà la persona riconosce i limiti che le sono posti, quelli cioè di essere uomo e non Dio: «Dio si è fatto uomo. Riconosci o uomo di essere uomo! Tutta la tua *humilitas* consiste nel riconoscerti per quel che sei». Ma la nostra umiltà è anche imitazione dell'umiltà di Cristo, della sua autoalienazione nella morte che ci ha procurato la redenzione. L'umiltà di Cristo è «in prima linea azione salvifica di Dio» (*RAC*, 772).

Pertanto l'umiltà non è prima di tutto virtù, ma atteggiamento religioso che unisce la persona a Cristo. Agostino addirittura arriva a dire che il peccato con l'umiltà è migliore della virtù senza l'umiltà. L'umiltà mi apre a Dio; e proprio il peccato mi può costringere alla capitolazione. Non posso garantire per me stesso, non ho nessuna garanzia di non peccare. Dipendo in tutto e per tutto da Dio. La virtù ci può far deviare al punto di voler raggiungere Dio con le sole nostre forze. Chi vuole raggiungere Dio sulla via della virtù, va a sbattere la testa contro il muro. Non troverà la porta che apre a Dio; questa porta, infatti, è l'umiltà, cioè la convinzione della propria incapacità di diventare pio e santo.

Dal filosofo O.F. Bollnow arriva la conferma della concezione benedettina circa l'umiltà quale atteggiamento religioso:

> L'umiltà non si riferisce affatto ai rapporti tra le persone, dove una si sente superiore o inferiore all'altra, ma al rapporto, fondamentalmente diverso e sottratto a ogni possibilità di comparazione, della persona con Dio, in cui questa sperimenta la propria insufficienza irrimediabile. L'umiltà poggia sulla consapevolezza della finitezza umana, e precisamente non solo nel senso neutrale di limitatezza di tutte le sue forze, ma anche nel senso più profondo della sua nullità (*Bollnow*, 131).

L'umiltà scaturisce dunque da un'esperienza di Dio, non è qualcosa che si può acquisire mediante uno sforzo costante teso alla perfezione, ma è qualcosa che capita quando si sperimenta Dio come l'essere misterioso e infinito, e se stesso come essere finito, come creatura del Creatore divino. Conseguentemente il capitolo dell'umiltà è la descrizione di un'esperienza crescente di Dio e di una conoscenza sempre più chiara di se stessi.

Benedetto vi riproduce l'itinerario di come il monaco si

avvicini sempre di più a Dio e di come sia man mano trasformato dalla sua vicinanza amorosa e salutare. Per Benedetto l'umiltà non è una virtù da acquisire, ma un'esperienza in cui crescere. L'umiltà è per lui il presupposto per un'esperienza autentica di Dio; è l'autoesperienza dentro l'esperienza di Dio. Quanto più mi avvicino a Dio, tanto più dolorosamente si svela la mia verità; e quanto più nel fallimento percepisco la mia verità, tanto più mi apro a Dio. Bernardo di Chiaravalle definisce l'umiltà *verissima sui agnitio*, conoscenza profondamente vera di sé (cfr. *PL* 182, 942) che si scopre proprio nell'incontro con il vero Dio.

L'umiltà è per Benedetto imitazione di Cristo che «spogliò se stesso, assumendo la condizione di servo e divenendo simile agli uomini» (*Fil* 2,6-9). Con l'umiltà cresciamo nella mentalità di Gesù, il quale non si è attaccato a se stesso e alla sua divinità, ma «umiliò se stesso facendosi obbediente fino alla morte e alla morte di croce».

Per i padri della chiesa l'umiltà è anche presupposto della contemplazione, cioè dell'itinerario spirituale. Benedetto concepisce l'umiltà come metodo per esercitarsi nell'amore perfetto, nel fondersi in unità con Dio nella contemplazione. Questo amore perfetto (*caritas*) è contrassegnato dall'amore a Cristo (*amore Christi* = relazione intima, sentimentale-passionale con lui) e dal piacere delle virtù (*dilectatione virtutum*), dove la virtù non è intesa come qualità morale, ma come forza della persona donatagli da Dio.

L'umiltà dunque porta l'uomo al piacere della propria vitalità, alla propria forza, alla vita formata dallo Spirito di Dio. Il fine della via dell'umiltà non è dunque l'umiliazione (*humiliatio*) della persona, ma il suo innalzamento, la sua trasformazione operata dallo Spirito di Dio, che la compenetra completamente, e il suo piacere per questa nuova qualità della propria vita.

In nessun capitolo Benedetto ha citato così tante volte la Bibbia come nel capitolo sull'umiltà. Con ciò intende esprimere che i monaci con l'umiltà si esercitano nell'atteggiamento di fondo della Bibbia, realizzando così ciò che Dio ha rivelato come via della vita. Egli inizia il capitolo con queste parole: «La sacra Scrittura, o fratelli, ci proclama: Chi si esalta sarà umiliato e chi si umilia sarà esaltato» (*Lc* 18,14). Per Benedetto si tratta dunque di adempiere la massima di Gesù crescendo nella sua mentalità.

Però non dobbiamo intendere l'espressione 'umiliarsi' in senso moraleggiante, come se dovessimo farci piccoli e pensarci piccoli. Va piuttosto interpretata in senso psicologico: chi si identifica con ideali sublimi, chi esalta se stesso avvalendosi di questi, si confronterà inevitabilmente con i lati d'ombra, sarà costretto a fare i conti col suo essere terreno, col suo *humus*. Sarà umiliato, batterà il naso in terra essendosi inerpicato troppo in alto. I sogni di cadute ci mostrano spesso che siamo saliti troppo in alto, ci siamo librati troppo per aria. Per cui un sogno in cui cado sempre più giù mi invita a scendere, a riconciliarmi con la mia umanità.

Chi si abbassa, dice Gesù, sarà innalzato. Chi scende nella

propria realtà, negli abissi del suo inconscio, nel buio della sua ombra, nell'impotenza del suo sforzarsi, chi viene in contatto con la sua umanità e 'terrenità', sale a Dio, raggiunge il vero Dio. Ascendere a Dio è la meta di tutti gli itinerari spirituali. Da Platone in poi si usa esprimere con l'immagine 'salita a Dio' la nostalgia e il desiderio ancestrale dell'uomo. Ecco il paradosso di una spiritualità dal basso, come la descrive Benedetto nel capitolo dell'umiltà: è proprio scendendo nella nostra realtà umana che ascendiamo a Dio.

Il fariseo, che pone tutta la sua fiducia in sé e nelle sue prestazioni morali, sarà umiliato da Dio; non ha capito niente di Dio, che egli strumentalizza per incrementare la sua autostima. Egli non serve Dio, ma un idolo. Dovrà confrontarsi con la propria indigenza, prima che possa arrendersi consegnandosi a Dio. Il pubblicano che pone tutta la fiducia in Dio, che nella sua umiltà riconosce se stesso, si consegna alla misericordia di Dio, per questo Dio lo rialzerà ed esalterà. Egli sa di non riuscire né a migliorarsi né a garantire per se stesso. Egli perciò ripone tutta la sua fiducia in Dio che solo lo potrà rialzare rendendolo giusto e retto.

Benedetto paragona l'itinerario dei dodici gradini dell'umiltà alla scala che Giacobbe ha visto in sogno. La scala di Giacobbe, su cui gli angeli salgono e scendono, per i padri della chiesa era l'immagine simbolica della contemplazione, in cui il cielo ci si dischiude. Agostino chiama Cristo stesso *scala nostra*: Cristo è disceso a noi affinché noi attraverso lui, come su una scala, saliamo a Dio. I due pali della scala sono interpretati dai padri della chiesa o come l'Antico e il Nuovo Testamento, oppure come il doppio comandamento dell'amore di Dio e del prossimo. Benedetto interpreta i due pali come il corpo e l'anima: nel nostro corpo e nella nostra anima Dio ha messo una scala per salire a lui, ma dopo essere scesi con spirito di umiltà. Per Benedetto la nostra via a Dio passa attraverso la tensione dialettica corpo-anima. Non è una via spiritualistica, ma una via che prende sul serio tanto il corpo quanto l'anima. Sulla via che porta a Dio non dobbiamo scavalcare niente, ma salire gradino per gradino.

Giacobbe vede in sogno la scala su cui gli angeli di Dio salgono e scendono (*Gen* 28,12-15). Il sogno gli apre gli occhi per avvertire la presenza di Dio al centro della sua vita. Giacobbe è in fuga: ecco una situazione tipica dell'abisso, del fallimento, della non riuscita dei propri piani; proprio in questa situazione Dio si fa riconoscere. In sogno Dio gli dice che il luogo su cui dorme è un luogo sacro. Dio gli promette di essere con lui camminando su tutte le sue vie, fino a quando porterà a compimento ciò che gli ha promesso. Il sogno mostra la meta del suo itinerario, il quale lo condurrà dapprima alla fase delle delusioni procurategli da Labano. In mezzo alla desolazione del deserto, il sogno gli fa vedere gli aspetti di speranza e di luce della sua vita. C.G. Jung designa questa alternatività come il «significato compensatorio» del sogno: se tutto in me è buio, il sogno mi addita la luce che è in me; se mi sento debole, nel sogno scopro i miei lati forti. Il sogno insegna a Giacobbe che proprio là dove è completamente a terra, Dio può prendere tutto nelle sue buone mani. Adesso Giacobbe non dovrà più sfuggire Dio, sa oramai di essere protetto e accompagnato da lui. Quella pietra nel deserto, che avrebbe potuto essergli pietra d'inciampo (*Stolperstein*), diventerà la pietra del ricordo (*Gedenkstein*), che testimonierà nel tempo la fedeltà e la misericordia di Dio.

Se noi li leggiamo alla luce dell'immagine-simbolo della scala di Giacobbe, i dodici gradini dell'umiltà in Benedetto ci porteranno ogni volta in un vicolo cieco in cui Dio si farà conoscere, in una strettoia che ci dischiuderà a Dio. Allora essi saranno quelle pietre d'inciampo da funzionalizzare in sante pietre d'altare a testimonianza della presenza di Dio. I dodici gradini sono i gradini della contemplazione, della maturazione interiore, i gradini che portano a Dio stesso. Dodici è il numero della totalità riferita non soltanto al compimento del singolo (simboleggiato per esempio dal numero dieci), ma anche di una comunità: dodici sono le tribù d'Israele, dodici gli apostoli. Attraverso l'itinerario a gradini dell'umiltà il monaco perviene al suo compimento e precisamente entro la *communio* con i suoi confratelli, nella quale si rende tangibile il regno di Dio.

Un'analisi dei dodici gradini la riserviamo al lavoro personale. Qui è sufficiente rilevare che la spiritualità benedettina, quale spiritualità dal basso, ascende a Dio discendendo nella propria realtà. I dodici gradini descrivono la graduale trasformazione dell'uomo: della sua volontà (gradini 1-4), dei suoi pensieri e sentimenti (gradini 5-8) e del suo corpo (gradini 9-12). L'uomo completo, cioè con tutto quanto è in lui, dovrà finire nella strettoia dove egli verrà aperto a Dio. Tutto ciò che è in noi – sentimenti, bisogni, passioni e fantasie – dovrà essere esibito a Dio affinché lo trasformi.

Trasformazione significa che i nostri pensieri e sentimenti vengono aperti a Dio, che essi pensano Dio fino in fondo. Il mezzo salvifico dei nostri pensieri e sentimenti è la presenza di Dio. Tutto ciò che pensiamo e sentiamo accade davanti al Dio presente, davanti al Dio che ci guarda benevolo e penetra fino in fondo i nostri pensieri e sentimenti. Davanti a Dio e in Dio riconosciamo che, in tutti i nostri pensieri e sentimenti e in ultima analisi, bramiamo Dio come il solo che riesca a soddisfare la nostra nostalgia.

Al *primo gradino* dell'umiltà Benedetto ci rinvia alla relazione con Dio. Gli psicologi ritengono che l'incapacità a legarsi sia la malattia capitale del nostro tempo. La guarigione e la trasformazione possono verificarsi soltanto quando riferiremo tutto quanto è in noi a Dio, al Dio d'amore che col suo sguardo ci conduce alla verità.

La trasformazione della volontà al *secondo gradino* non comporta lo smantellamento della stessa: l'attaccamento ostinato alla nostra volontà è connesso forse con la nostra struttura di fondo, che da bambini abbiamo sviluppato come reazione ai traumi della prima infanzia. Questa struttura base diventa un espediente di sopravvivenza. È sì necessaria, ma non lascia spazio ad altri impulsi vitali. Trasformare il senso di ostinazione significa liberarsi da questa rigida struttura di fondo, permettendo così lo sviluppo di nuovi impulsi vitali.

Il *terzo gradino* dell'umiltà ci indirizza all'ascolto e all'obbedienza: ascoltando siamo in tutto e per tutto riferiti a Dio, soprattutto in situazioni che ci sembrano offuscare il senso di Dio.

Secondo Benedetto la trasformazione della volontà operata al *quarto gradino* mira alla purificazione nel fuoco su imitazione di Cristo, per poter così crescere sempre più nella sua mentalità, assolvendo le esigenze del discorso della montagna.

La trasformazione dei nostri sentimenti – insegna il *quinto gradino* – avviene attraverso il colloquio. Manifestando al padre spirituale da quali pensieri e sentimenti siamo mossi, chiariamo a noi stessi il nostro modo di pensare e di sentire. La trasformazione dei propri sentimenti non avviene rimuovendoli e reprimendoli, ma parlandone con un confratello esperto. Se li manifesto non mi distolgono da Dio, ma rivelano le mie nostalgie più profonde.

Un'altra via della trasformazione passa attraverso il confronto con la propria realtà: non eludo la mia debolezza e impotenza, ma mi riconcilio con la mia mancanza di voglia e il mio vuoto, ed esibisco a Dio questi difetti dicendo col salmista: «Io ero stolto e non capivo, davanti a te stavo come una bestia» (*Sal* 73,22). Rinunciando a rendermi interessante, a ritenermi chissà chi e a mettermi al centro dell'attenzione, sono costretto a guardare in faccia la mia verità; non posso sfuggire a me stesso. Benedetto quindi (siamo ai *gradini sesto* e *ottavo*) non è per un comodo conformismo, ma per il confronto con la verità interiore.

Al *settimo gradino* mi riconcilio col mio fallimento, ivi scopro che, proprio attraverso penosi insuccessi o addirittura colpe, si è prodotta in me una breccia che mi apre a Dio, e che così mi trovo sulla strada giusta. Col salmista potrò allora confessare: «Bene per me se sono stato umiliato, perché impari ad obbedirti» (*Sal* 119,71).

La trasformazione del corpo si esprime, per Benedetto, nei gesti e nei comportamenti corporei. Col corpo possiamo esprimere se siamo aperti a Dio o imprigionati in noi stessi, se siamo attaccati a noi stessi oppure se ci abbandoniamo a Dio, se siamo permeabili a Dio oppure chiusi e legati solo a noi stessi. La trasformazione del corpo, conforme ai *gradini nono* e *decimo,* si riferisce al nostro parlare e alla nostra voce. La nostra voce manifesta se siamo in sintonia con Dio, se siamo permeabili a Dio, oppure se diamo voce solo a noi stessi.

La trasformazione del corpo include anche il nostro ridere, di cui Benedetto parla all'*undicesimo gradino.* C'è un ridere di liberazione e di letizia, un ridere dei redenti; e c'è un ridere cinico in cui ci ergiamo al di sopra di tutti e di tutto, in cui ci rapportiamo alla realtà senza timore reverenziale, in cui niente più ci è sacro.

Come antidoto a tale atteggiamento Benedetto, al *dodicesimo gradino*, ci esorta a fare attenzione alla presenza di Dio, che ci guarisce e libera. Questa attenzione si esterna nel comportamento del mio corpo, nei miei gesti, per esempio nel mio muovermi calmo. La presenza di Dio vuole esprimersi fin dentro il mio corpo.

Nella trasformazione del corpo, dei gesti, della voce, del ridere, arriva a compimento l'itinerario trasformante dell'umiltà. Ivi si mostra che tutta la persona, corpo e anima, è compenetrata dallo Spirito di Dio e permeabile al suo amore.

La meta della via interiore, come la descrive Benedetto nel capitolo dell'umiltà, è l'amore perfetto che scaccia ogni timore. La via che porta alla purezza del cuore e alla perfezione dell'amore passa per la discesa nella propria realtà costituita dai pensieri e dai sentimenti, dalle passioni e dagli istinti, dal corpo e dall'inconscio.

La spiritualità di Benedetto inizia dal basso della realtà umana, parte dai suoi bisogni, dalle sue piaghe e ferite, dalle avversità della vita quotidiana e, attraverso questa discesa, conduce a Dio, all'amore perfetto. La *caritas perfecta* farà sì che non viviamo più nella paura, nell'eteronomia, non più secondo i dettami delle aspettative degli uomini o delle esigen ze del proprio super-Io, ma senza fatica e in armonia col nostro vero essere. L'amore diventerà la nostra seconda natura, in grado quindi di rendere puro il nostro cuore così che possa vedere Dio. Benedetto descrive l'amore perfetto con tre espressioni: L'*amor Christi* si riferisce all'amore intriso di sentimento e di tenerezza per Cristo, alla relazione personale con lui da cui si alimenta la vita del monaco. La *consuetudo ipsa bona* (buona abitudine) significa che l'osservanza dei precetti non avviene più dall'esterno, ma dall'interno, che il monaco cresce insieme (*con-suetudo*) alla volontà di Dio, che – per impulso interiore – vive rettamente e compie ciò che Dio vuole da lui, ciò che corrisponde al suo vero essere. La *dilectatio virtutum* (gioia nel praticare le virtù) descrive il piacere della propria forza, donataci da Dio; è la nostra natura trasformata che corrisponde all'immagine-progetto che Dio ha di noi. Essa è attivata dallo Spirito Santo, che ci condurrà alla visione di Dio nell'amore. Lo Spirito Santo ci accompagna nella discesa nella nostra umanità e 'terrenità' per trasformare tutto radicalmente, in preparazione della visione di Dio.

Aspetti psicologici

C.G. Jung ci fa presente più volte che la via della maturazione umana passa attraverso la discesa nel mondo sotterraneo, cioè nell'inconscio. Una volta, citando lui stesso *Ef* 4,9 («Ma che significa la parola 'ascese', se non che prima era disceso quaggiù sulla terra?»), spiega che anche la psicologia, contro cui molti cristiani inveiscono, vuole la stessa cosa: «Si dice della psicologia peste e corna perché essa, in accordo con il simbolismo cristiano, insegna che nessuno può salire se prima non è disceso» (*Jung*, vol. 18 II, 733). Jung rammenta che Cristo fu giustiziato coi malviventi proprio perché era un grande innovatore. Possiamo integrare in noi la novità del suo messaggio, solo se siamo disposti come lui a lasciarci annoverare (metaforicamente) tra i malviventi, nel senso che ci riconciliamo con le ombre 'malviventi' che sono in noi.

La via che conduce su a Dio, secondo Jung, porta giù nell'oscurità del proprio inconscio, nel regno umbratile dell'Ade. Da lì il Sé potrà riemergere arricchito, così come Goldmarie (nella fiaba *Signora Holle*) che, buttatasi nel pozzo, troverà oro nel mondo sotterraneo e tornerà al mondo superiore con la nuova ricchezza. Ciò rappresenta per Jung una legge di vita: ci mettiamo sulla strada giusta del nostro Sé e di Dio, soltanto se abbiamo il coraggio di calarci nelle nostre ombre e nel buio dell'inconscio.

Jung parla del gonfiarsi (*Inflation*)[7] tipico dei superbi: questi si pavoneggiano con ideali sublimi, si identificano con immagini archetipiche quali quelle del martire, del profeta, del santo. L'identificazione con un'immagine archetipica rende ciechi rispetto alla realtà. Così per Jung l'umiltà (*Demut*) rappresenta il coraggio (*Mut*) di guardare in faccia le proprie ombre. L'autoconoscenza ha bisogno estremo dell'umiltà, senza la quale l'uomo rimuoverebbe i propri lati scabrosi. Soltanto l'ammissione delle proprie debolezze può

[7] 'Inflazione', oltre al noto significato economico-monetario, ha anche una specifica accezione psicologico-junghiana; secondo cui la *Inflation* si verifica quando l'Io, oltrepassando i propri limiti, dilaga indebitamente nell'ambito del Sé (*NdT*).

difenderci dai meccanismi di rimozione con cui escludiamo la nostra parte oscura. Secondo Jung l'umiltà è necessaria anche nel rapporto con l'inconscio. Chi vuole impadronirsi di prepotenza dell'inconscio, soccomberà allo stesso venendo 'inflazionato' di superbia. Succede abbastanza spesso che il superbo, affascinato da ideali archetipici, può guarirne solamente se batte il naso in terra, subendo una disfatta morale o cadendo nel peccato.

Per Jung l'umiltà è anche il presupposto per poter sviluppare la fiducia in altre persone. La superbia invece ci isola e ci esclude dalla comunione umana:

> Sembra essere un peccato naturale quello di celare il proprio valore inferiore (*Minderwert*), altrettanto quello di vivere in maniera esclusiva il proprio essere inferiore (*Minderwertigkeit*). Sembra esserci una specie di coscienza dell'umanità che punisce sensibilmente chiunque non abbandoni in qualche modo l'orgoglio di autoconservazione e di autoaffermazione, e non confessi l'insufficienza della propria umanità. In mancanza di questo passo, un muro impenetrabile lo separa dal sentimento vitale di essere uomo tra uomini (*Jung*, 16, 63).

Posso vivere la comunione con altre persone solo se sono disposto ad accettarmi coi miei difetti e debolezze. Fino a quando mi sento spinto a tener nascosti i miei difetti, posso prendere soltanto contatti superficiali con l'altro; il mio cuore in realtà non si apre all'altro. Per Jung quindi l'umiltà è un presupposto essenziale della comunione umana. A un postulante che aveva bisogno urgente di parlargli, Jung scrive:

> Se Lei vive in solitudine, dipende dal fatto che si isola. Se Lei fosse abbastanza modesto, non sarebbe mai solitario. Niente ci isola di più del potere e del prestigio. Cerchi quindi di abbassarsi e di imparare la modestia, e non sarà mai solo! (*Jung*, Lettere III, 93).

Medard Boss, un altro psicologo svizzero, conferma che il cammino verso Dio è un cammino che scende nel proprio profondo:

> La mia esperienza, che coincide con quella di altri psicoterapeuti, mostra che i nostri pazienti, quando vogliono raggiungere l'esperienza del divino, devono prima aver fatto anche l'esperienza del sensuale e precisamente del sensuale corporeo. In effetti lo vedo nei miei pazienti e anche nei miei molti studenti sani, che sostengono da me un'analisi didattica: se essi si imbarcano nell'ambito del sensuale, del creaturale e dell'animale, e precisamente in una maniera concreta loro finora sconosciuta, cioè fin giù nello sporco e negli escrementi, improvvisamente emerge anche qualcosa di molto diverso. È il mondo capovolto dello spirituale, del riferimento religioso che si schiude loro; e ciò avviene senza che io vi abbia influito minimamente. Se vengono confrontati con ciò che è spirituale, celeste, religioso, prima di aver sperimentato ciò che è creaturale e materiale, allora siamo in presenza di una religiosità artificiale e troppo alta, che non poggia su terreno solido (*Bitter*, 189).

E Boss riferisce poi di pazienti cattolici che nel sogno sono angosciati da fantasie sessuali, avendo imparato nella loro educazione a estromettere la sessualità. Ma la via della maturazione conduce al proprio Sé e a Dio, solo se si è disposti a calarsi anche nella propria sessualità.

> Quando in persone di educazione cattolica, in cura da me, emergono riferimenti concernenti ciò che è sensuale, sporco, anale, sessuale, sia per via di sogni, sia anche per via di fantasie, di associazioni, di disegni ecc., ecco che questi pazienti vanno in ansia, si sentono in peccato; e allora trascinano me e loro stessi nei più grandi conflitti di coscienza. So per esperienza che se io non permettessi ciò, i miei pazienti non supererebbero questa fase e non raggiungerebbero l'appropriazione del loro essere umano completo e autentico, inclusa la parte istintuale, e con ciò anche l'umanizzazione di questa sfera (*ibid.*, 189).

Roberto Assagioli, fondatore della psicosintesi[8], dice che lo schema discesa-ascesa è caratteristico anche per il divenire del Sé. Egli vede questo schema rappresentato magistralmente già nella *Divina Commedia* di Dante:

> Il significato simbolico centrale della Divina Commedia è un'immagine meravigliosa di una psicosintesi completa. La prima parte – il pellegrinaggio attraverso l'inferno – sta per la ricerca analitica del profondo *inconscio*. La seconda parte – la salita sul monte del purgatorio – descrive il processo della purificazione morale e della salita progressiva del livello *conscio* attraverso l'uso di tecniche attive. La terza parte – la visita del paradiso o cielo – descrive in maniera insuperabile i diversi stadi della realizzazione del *superconscio* fino alla visio-

[8] Cfr. U. Galimberti, *Dizionario di psicologia*, Utet, Torino 1994, 779, sul termine 'psicosintesi': «Termine inizialmente impiegato da C.G. Jung per sottolineare il carattere costruttivo e prospettico del suo metodo [...]. Il termine fu successivamente abbandonato e sostituito con *psicologia analitica*. Attualmente il termine titola l'orientamento psicologico inaugurato dallo psichiatra italiano R. Assagioli, che ha elaborato un modello teorico e una tecnica psicoterapica» (*NdT*).

> ne conclusiva dello Spirito universale, di Dio stesso, in cui amore e volontà si fondono (*Assagioli*, 238s.).

L'itinerario a Dio passa attraverso la discesa nell'inferno. Ivi l'uomo incontra spesso aspetti minacciosi del suo inconscio, immagini che possono avere a che fare con le figure dei genitori. Assagioli invita i suoi pazienti a ripercorrere mentalmente le fasi della Divina Commedia, vale a dire a scendere nell'inferno, ma poi anche a salire attraverso il purgatorio in paradiso. Egli sostiene che in questo esercizio può avvenire la trasformazione.

Lo psicanalista Albert Görres spiega l'affermazione di Tertulliano *caro cardo salutis* (la carne è cardine della salvezza) in questi termini: la carne ci costringe continuamente a riconoscere umilmente il nostro essere umano. La spiritualità dal basso prende sul serio il fatto che, essendo uomini e non angeli, siamo nati nella carne, e che Dio stesso si è fatto carne in Gesù Cristo. Proprio la carne, in quanto è in balia delle nostre inclinazioni e passioni, è il cardine della salvezza.

> Senza questo cardine non si dà conversione. L'impaziente, il collerico, l'insoddisfatto, l'avido... costoro ricevono in queste loro inclinazioni la ricevuta precisa, la valenza su cui è leggibile – come la febbre del malato sul termometro – la loro insufficienza, la loro ingratitudine, le loro false esigenze. Ma appunto queste passioni, prive di salvezza e al tempo stesso salvifiche, ogni volta che compaiono danno la *chance* di iniziare una catarsi e un cambiamento di rotta (*Görres*, 21s.).

> Il corpo insegna alla maggior parte di noi che siamo piccole persone e non grandi personaggi. Ci preserva dal pericolo di ritenerci delle divinità o di scambiarci per Dio. La nostra dipendenza assoluta da esseri su cui non disponiamo, la dipendenza da altro e da altri, la nostra radicale non-autarchia ci protegge dall'illusione di essere autosufficienti a guisa di dèi, dall'inganno della superbia, cui soccombono certamente gli angeli, ma anche gli uomini – pochi in realtà e per poco tempo – per esempio i dittatori, i fachiri, i professori. La fame e la sete, i bisogni e i desideri ci assicurano in ogni secondo che non siamo Dio (*ibid.*, 22).

> Per fortuna la debolezza dell'uomo fa sì che la sua stessa cattiveria rimanga deboluccia. La nostra miseria corporea ci lega quindi al cielo: *cardo salutis* (*ibid.*, 23).

La spiritualità dall'alto spesso vuole arrivare a Dio senza passare per il corpo. Le è penoso che il corpo «costringa lo spirito all'umiliante trivialità del servizio della materia (*Stoff*) e del metabolismo (*Stoffwechsel*)» (*ibid.*, 11). Preferirebbe elevarsi come gli angeli al di sopra di tutto ciò che è carnale. Invece il nostro percorso verso Dio passa attraverso la carne: *caro cardo salutis*.

Il conte Dürckheim, consapevole di dovere molto alla psicologia di Jung, parla della via della maturazione adulta come di una crescita dell'esperienza dell'essere (*Seinserfahrung*). Anche secondo lui questa via passa attraverso il coraggio di scendere giù nella propria oscurità, nella propria solitudine e tristezza. La meta dell'itinerario della maturazione consiste nello scoprire l'immagine di Dio, e nel venire in contatto col proprio vero essere. È un itinerario di trasformazione in cui emerge sempre di più l'ideale dell'uomo. Dürckheim pensa che l'uomo possa fare esperienze dell'essere proprio nelle ore della più acuta indigenza:

> Sono ore in cui siamo giunti ai limiti del nostro umano potere e saggezza, in cui siamo falliti, ma poi siamo stati capaci di sottometterci. E proprio nel momento del mollare e del deperire del vecchio io e del suo mondo abbiamo sentito emergere un'altra realtà. Così più di uno trovandosi nell'immediata prossimità della morte, durante le notti di bombardamento, durante gravi malattie o in altri pericoli di distruzione, ha sperimentato come, proprio nel momento in cui la paura raggiungeva il culmine e la resistenza interiore crollava, quando egli già si arrendeva accettando la situazione [...], improvvisamente irrompeva in lui una grande calma, spariva la paura e percepiva che in se stesso qualcosa di vivo rimaneva inviolato di fronte alla morte e alla distruzione. Per un momento ha avuto l'idea chiara: «Se ne esco, so una volta per tutte da dove vengo e per quale realtà debba vivere». La persona non sa che cosa sia, però improvvisamente si percepisce avvolta in un'altra forza (*Dürckheim*, 20).

Simili esperienze dell'essere l'uomo può farle se sperimenta il non senso, la disperazione, se gli capita di subire delle ingiustizie.

> In tale circostanza qualcuno ha sperimentato che, nel momento in cui cedeva, consegnava se stesso disposto quindi ad accettare l'inaccettabile, improvvisamente l'essere – percepito però in tale circostanza come un senso più profondo – lo inondava. Di colpo l'uomo si sente inserito in un ordine inconcepibile: una chiarezza lo pervade con la sua luce (*ibid.*, 20s.).

Anche nel caso in cui l'uomo si confronti con la solitudine e resista alla tristezza che gli piomba addosso,

> allora può sentirsi improvvisamente accolto e abbracciato dall'intimità di un amore di cui non saprebbe dire chi lo ami o chi egli ami. Egli sta semplicemente 'nell'amore', come precedentemente nella forza e nella chiarezza, e ogni volta anche in uno stato che lo rende testimone di un essere che pervade tutti i suoi presupposti di esistenza avuti finora (*ibid.*, 21).

Per Dürckheim la via che conduce a Dio passa spesso attraverso l'esperienza della propria miseria, della minaccia di potenze estranee, della disperazione, dell'ingiustizia, della solitudine e della tristezza. Osando la persona entrare nel buio di queste esperienze, il suo sentimento si trasforma, e sul fondo dell'indigenza si mostra il Dio che sorregge, ama e illumina.

La spiritualità dal basso nelle fiabe[9]

Un ottimo esempio di spiritualità dal basso è la fiaba *Le tre lingue*.

[9] Per la comprensione è qui essenziale la lettura di queste tre fiabe (specialmente delle prime due) tratte dalla raccolta dei fratelli Grimm, e precisamente: n. 33 Le tre lingue (*Die drei Sprachen*); n. 24 La signora Holle (*Frau Holle*); n. 200 La chiave d'oro (*Der goldene Schlüssel*). Per la

> Qui l'eroe è un sempliciotto che suo padre manda nel grande mondo per fargli apprendere qualcosa di sensato. Per tre volte il figlio ritorna a casa e al padre, che ogni volta gli domanda che cosa abbia mai imparato, la prima volta risponde: «Padre ho imparato l'abbaiare dei cani»; la seconda volta: «Ho imparato i versi dei volatili»; la terza volta: «Ho imparato il gracidare delle rane». A questo punto suo padre, che personificando il sapere puramente razionale non sa proprio che farsene di queste arti del figlio, lo caccia via di casa (*Laiblin*, 295s.).

Dopo di che il figlio comincia a vagabondare e arriva a una rocca dove vorrebbe pernottare. Ma il castellano può mettergli a disposizione soltanto la torre in cui sono rinchiusi dei cani selvaggi che abbaiano con ferocia, e che hanno già divorato più di una persona. Egli però non ha paura, prende con sé qualcosa da mangiare e osa entrare nella torre. Ivi parla con benevolenza ai cani; questi gli svelano che la loro ferocia è dovuta al loro compito di difendere un tesoro. I cani stessi gli mostreranno infine la via che porta al tesoro e lo aiuteranno a dissotterrarlo.

Dunque la via che porta al mio tesoro passa solo attraverso il dialogo con i cani che abbaiano, cioè con le mie passioni, con i miei problemi, con le mie paure, con le mie ferite, vale a dire con tutto ciò che abbaia in me divorando la mia energia. Una spiritualità dall'alto rinchiuderebbe i cani nella

traduzione italiana cfr. J. E W. GRIMM, *Fiabe, leggende e saghe germaniche*, traduzione e presentazione di A. Corbella, 2 voll., Demetra, Bussolengo 1997 (*NdT*).

torre ed erigerebbe accanto un edificio di ideali. Ma così saremmo costretti ad avere continuamente paura che i cani erompano e sbranino qualcuno. Ecco dunque quello che caratterizza la persona pia: la paura delle concupiscenze in agguato e delle continue tentazioni.

Ma in questo modo si esclude soprattutto se stessi dalla vita. Tutto ciò che reprimiamo o rimuoviamo è una perdita in termini di vitalità. I cani che abbaiano sono pieni di forza; imprigionandoli ci priviamo di quella forza di cui abbisogniamo nell'itinerario che porta a Dio e a noi stessi. La torre è simbolo della maturazione del Sé: essa affonda nel terreno e si erge al cielo. La sua rotondità è simbolo della totalità (*Ganzheit*). Quando, mossi dal troppo idealismo, imprigioniamo i nostri cani che abbaiano, viviamo nella tensione continua di una loro evasione. Ci costringiamo a fuggire da noi stessi, avendo paura di guardare dentro di noi: potremmo infatti incontrare quei cani pericolosi. Ma quanto più li imprigioniamo, tanto più aumenta la loro pericolosità.

Bisogna dunque osare entrare nella torre a parlare benevolmente e gentilmente coi cani che abbaiano. Allora essi mi confideranno che tipo di tesoro custodiscono: potrebbe essere una nuova vitalità e autenticità, oppure il proprio vero Sé, cioè l'immagine che Dio si è fatto di me.

Un'altra fiaba, che ci mostra altri aspetti della spiritualità dal basso, è la nota fiaba *La signora Holle*. Goldmarie è una povera ragazza maltrattata e sfruttata duramente dalla sua matrigna.

> Tutti i giorni la povera ragazza doveva sedere davanti a un pozzo sulla strada maestra e filare e filare finché il sangue le sprizzava dalle dita. Un giorno che la conocchia era tutta insanguinata la fanciulla si chinò sulla fonte per lavarla, ma la conocchia le sfuggì di mano e cadde nell'acqua.

La fiaba racconta che essa, presa dalla disperazione, si butterà nel pozzo. Laggiù nel mondo sotterraneo incontrerà la signora Holle, grazie alla quale potrà arrivare alla pienezza della vita.

Laiblin, interpretando questa fiaba alla luce della psicologia del profondo, osserva che essa è una conferma del proverbio cinese: «Chi è represso in alto si volge sicuramente in basso» (*Laiblin*, 280). Quando nella vita si finisce in una situazione senza prospettive, ci può aiutare soltanto il fatto di mollare e di confidare in Dio. Là dove il nostro impegno tocca limiti invalicabili, dove con tutta la nostra buona volontà non facciamo altro che aumentare il nostro tormento, non sarebbe una buona via d'uscita quella di adattarsi semplicemente e di rassegnarsi.

Il buttarsi nel pozzo, nel profondo, è la opportunità che permette di spingerci in ambiti nuovi, di conoscere il regno dell'anima, nel quale ci può essere regalata la pioggia d'oro della nostra dignità divina. Tale regno è insieme il regno del dio materno; la signora Holle, infatti, sta per la dea germanica Hulda. Questa è il simbolo del dio materno nelle cui mani cadiamo quando ci buttiamo nel pozzo. Secondo Drewermann la matrigna di Goldmarie rappresenta la 'Signora Terra' (*Frau Welt*), mentre la Signora Holle rappresenta il mondo interiore di Dio in cui approdiamo quando, come Goldmarie, osiamo le profondità.

Giunta sul fondo del pozzo, Goldmarie scopre il lato interiore delle cose, sperimenta un mondo ricoperto di fiori, percepisce che tutte le cose, per loro natura, sono buone, tanto che ne sarà beneficiata (cfr. DREWERMANN, *Frau Holle*). Sono proprio le situazioni-limite a costituire l'occasione che permette di penetrare più profondamente nel mistero del mondo e della nostra anima, di scoprire nuovi orizzonti, di trovare la ricchezza interiore sperimentando così la trasformazione.

Anche in un racconto di Hubertus Halbfas il pozzo rappresenta un simbolo importante del nostro cammino verso Dio. Un giovane vuol condurre i suoi tre fratelli a un pozzo: «Vi voglio condurre là dove potrete venire a sapere la verità su voi stessi». Giunti che sono al pozzo, egli dice al fratello maggiore: «Ti voglio legare alla fune e calarti giù nel pozzo. Osserverai cosa c'è dentro». Ma il fratello maggiore ha paura di scendervi; altrettanto il secondo fratello. Solo il minore si lascia calar giù (cfr. HALBFAS, *Der Sprung in den Brunnen* [*Il salto nel pozzo*]). Quest'ultimo ha il coraggio di attraversare tutti le parti oscure fino a raggiungere il fondo. Una volta ho invitato i partecipanti di un corso a immaginarsi che cosa potrebbero incontrare scendendo in un pozzo, legati a una fune tenuta da un amico o amica. Dalle descrizioni di molti di loro questa esperienza del calarsi aveva del minaccioso. Dovevano poi immaginarsi che cosa avrebbero sperimentato giunti che fossero sul fondo del pozzo: uno avrebbe trovato laggiù una sorgente di acqua chiara che l'avrebbe rinfrescato; un altro vi avrebbe incontrato suo padre che lo avrebbe introdotto nel mistero della vita; un terzo avrebbe visto laggiù un bel paesaggio; un altro ancora avrebbe scoperto delle perle preziose. La via che porta a una nuova qualità di vita passa attraverso la discesa fino a raggiungere il proprio fondo.

Nella fiaba *La chiave d'oro* un giovane molto povero e intirizzito dal freddo, mentre spala via la neve per liberare il terreno e accendere un fuoco, trova una chiave d'oro. Continuando a scavare scopre una cassetta di ferro; s'accorge che può essere aperta dalla chiave. «Allora girò una volta la chiave, e... adesso dobbiamo aspettare che giri del tutto la chiave, e sollevi il coperchio, poi sapremo quali cose meravigliose vi erano dentro» (*Laiblin*, 276). Anche qui il tesoro si trova nel profondo; ma prima il giovane cerca di far fronte alle difficoltà usando mezzi sperimentati.

Ecco il messaggio della fiaba: «Alla fine dei nostri 'giri affaticanti' (Plutarco), dei nostri sforzi soggettivi in mezzo a ombre e sbagli, a miserie, paure e privazioni, ci aspetta la sorpresa di essere introdotti in qualcosa del tutto nuovo e salvifico come dono inaspettato e beatificante di una guida nascosta» (*Laiblin*, 277). Laiblin denomina questo tipo di fiaba «racconto dei due mondi». «Una situazione conflittuale senza vie di uscita, una fatale menomazione o ristagno di vita» è all'origine di una situazione in cui all'eroe si dischiude un altro mondo, dove potrà trovare una forza vitale o sorgente vitale finora sconosciuta oppure andata persa precedentemente. Nel profondo giace un bene prezioso che, trovatolo, l'eroe potrà portare con sé nel suo mondo, un bene che lo aiuterà a proseguire nel suo cammino sano e salvo.

Le fiabe col motivo dei due mondi richiamano a noi tutti la via di una spiritualità dal basso. Dobbiamo scendere in profondità per scoprire una nuova sorgente per la nostra vita. La via va giù in profondità per poter così rinnovare una vita svuotata e prosciugata. La forza della trasformazione non la troviamo vivendo superficialmente, ma scendendo in profondità. La via che conduce laggiù passa attraverso il fidarsi e l'affidarsi, attraverso il lasciare andare e il lasciare accadere. Non posso intraprendere questo cammino in base a una mia decisione, ma solo se sono chiamato. Solo chi ascolta e obbedisce alla voce della vita, potrà trovare nel profondo la sorgente della vita. Chi «cammina da immaturo, cioè condotto dall'io capriccioso, dalla curiosità e dall'egoismo, sarà beffato e punito da quelli di laggiù» (*ibid.*, 279), come è successo per esempio a Pechmarie. Spesso è l'esperienza del fallimento o della disperazione che mi costringe a scendere, per scoprire laggiù la sorgente.

3.
Come sviluppare una spiritulità dal basso

Spiritualità dal basso significa cercare Dio proprio nelle nostre passioni, malattie, ferite, nel nostro vagabondaggio spirituale, nella nostra impotenza. La fiaba *Le tre lingue* ci può servire da metafora della spiritualità dal basso: secondo questa fiaba è possibile vivere solo se siamo in dialogo con le nostre passioni, malattie e ferite. Potremmo interpellarle per sapere i suggerimenti di Dio contenuti in esse e il modo con cui egli, proprio tramite esse, vuole guidarci al tesoro nascosto nella torre della nostra vita. Soltanto chi scende nella propria torre, potrà trovare il tesoro in sé.

Molti che, volando, cercano il tesoro in alto improvvisamente precipiteranno e non lo troveranno mai. Quelli che tendono a ideali esteriori ed estranei non verranno mai in contatto con il loro vero essere; usano detti ideali per appagare la loro ambizione. È vero che spesso fanno cose grandi, ma non scopriranno mai il loro vero Sé, non vivono la vera vocazione assegnata loro da Dio. Dovremmo lasciarci condurre giù in profondità dai 'cani che abbaiano' per sapere dove sia sotterrato il tesoro; quei cani selvaggi ci aiuteranno addirittura a dissotterrarlo. Oppure – insegna la metafora della fiaba *La signora Holle* – là dove cozziamo contro i nostri limiti e non sappiamo più che pesce pigliare, possiamo 'buttarci nel pozzo', sperando che Dio ci doni un nuovo modo di vedere le cose e ci apra nuove opportunità.

La via che porta al tesoro, al vero Sé, è un aspetto della spiritualità dal basso. L'altro aspetto è l'esperienza del toccare il fondo della propria impotenza, che poi si tramuterà in rimbalzo nella grazia di Dio. Nel profondo non solo potrò guarire ma, al limite delle mie risorse, sarò spinto totalmente in Dio. Laggiù dove avviene la mia capitolazione davanti a Dio, dove riconosco di non riuscire con le mie forze a uscire dalla palude, di non riuscire da me stesso a migliorarmi, là potrò anche iniziare un rapporto personale con Dio. Là avrò il sentore di Dio e della grazia.

Nell'accompagnamento spirituale sperimentiamo continuamente come le persone siano deluse di se stesse, perché non riescono a realizzare il proprio programma spirituale, perché nonostante tutti gli sforzi falliscono ripetutamente. Anziché incoraggiarle suggerendo loro che con più forza di volontà potrebbero eliminare tutti i difetti, cerchiamo di mostrare loro che stanno vivendo un'esperienza spirituale decisiva. Non possiamo assolutamente garantire per noi stessi; non possiamo fare di noi quello che vogliamo. Ma proprio là dove non possiamo più far niente, dove falliscono le nostre prospettive, dove a detta degli schemi umani tutto va di traverso, ecco proprio là Dio ci vuole toccare e far vedere che tutto è grazia.

Secondo il teologo Karl Rahner, in tali esperienze dei propri limiti e impotenza percepiamo l'operare dello Spirito Santo in noi. Ecco come Rahner descrive questa esperienza dello Spirito Santo proprio in situazioni di limite e di resa a Dio:

> Abbiamo mai cercato di amare Dio là dove non si è più trasportati da nessuna onda di entusiasmo, dove non si può più confondere Dio con se stessi e con la propria vitalità, dove si pensa di morire di quell'amore che appare come la morte e la negazione assoluta, là dove sembra di chiamare apparentemente nel vuoto e completamente inascoltati, là dove la situazione ha l'aspetto di un terribile salto in ciò che è senza fondo, là dove tutto sembra diventare incomprensibile e apparentemente senza senso? (*Rahner*, III, 106).

Rahner osserva poi:

> Se ciò che è concepibile, enunciabile, godibile si sprofonda, se tutto risuona di un silenzio mortale, se tutto riceve il gusto della morte e del decadimento, oppure se tutto sparisce come in una beatitudine innominabile, per così dire bianca, senza colori e inafferrabile, allora in noi è effettivamente all'opera non solo lo spirito ma lo Spirito Santo. Ecco l'ora della sua grazia. Allora l'apparente mancanza di fondo che sperimentiamo della nostra esistenza, la mancanza di fondo di Dio che si comunica a noi, è l'inizio della venuta della sua infinità che non ha più vie, che è assaporata come un niente in quanto è l'infinità (*ibid.*, 108).

La condizione, richiesta dal programma 'dodici passi' dei gruppi AA (alcolisti anonimi) per poter sperimentare la grazia di Dio, è sempre l'ammissione della propria impotenza, la dichiarazione di bancarotta della propria volontà nell'imbrigliare la malattia con le proprie forze. Soltanto quando ha riconosciuto che non riuscirà mai a far niente contro l'alcolismo, l'alcolizzato è in condizione di affidarsi senza riserve a Dio. Là dove hanno capitolato i suoi sforzi, può crescere il rapporto con Dio; e in questo rapporto potrà salvarsi.

Hermann Hesse, che ha sperimentato sulla propria pelle questo paradosso del tendere umano, spiega in una lettera che il nostro cammino di lotta per il bene finisce immancabilmente nella disperazione,

> vale a dire nella constatazione, che non si dà una realizzazione della virtù, una piena obbedienza, un servizio appagante, che la giustizia è irraggiungibile, che l'essere buoni è inadempibile. Questa disperazione conduce allora o al decadimento o a un terzo regno dello Spirito, cioè a vivere in uno stato al di là della morale e della legge, penetrando in un ambito di grazia e di redenzione, conduce a una nuova e più alta assenza di responsabilità o, per dirla in breve, conduce alla fede (*Hesse*, 389).

Soltanto quando, in seguito ai nostri sforzi di vivere secondo la volontà di Dio, abbiamo ammesso che non ci riusciremo mai a trasformarci, intuiamo che la fede vuol dire lasciarci cadere completamente nelle braccia di Dio, fidandoci di lui. Spiritualità dal basso, dunque, non è soltanto crescere umanamente e scoprire il mio tesoro passando attraverso i miei pensieri e sentimenti, attraverso le ferite della vita e le malattie, ma riguarda anche l'esperienza della fede proprio là dove ho esaurito le mie risorse, e la crescita in un rapporto con Dio, là dove mi sento completamente solo.

Dialogare con i propri pensieri e sentimenti

Spiritualità dal basso vuol dire ascoltare la voce di Dio nei nostri pensieri e sentimenti, nelle nostre passioni e bisogni: qui ci parla Dio. Ascoltandola scopriamo l'immagine che Dio si è fatto di noi. Pertanto non dobbiamo censurare le emozioni e le passioni; hanno tutte un senso, si tratta solo di cogliervi le indicazioni di Dio.

Molti condannano se stessi per i loro sentimenti negativi quali la collera, la stizza, la gelosia e l'apatia. Essi cercano – spesso 'con l'aiuto di Dio' – di procedere contro tali sentimenti per sbarazzarsene. Spiritualità dal basso significa invece riconciliarsi con le proprie passioni ed emozioni: tutte quante possono portare a Dio. Bisogna solo calarsi in esse per leggerne il messaggio.

Anziché combattere contro la mia *gelosia* e condannarmi per il fatto che, nonostante tutta la mia spiritualità, sia ancora presente in me, dovrei studiarla e domandarmi: «Quale nostalgia si nasconde dietro la mia gelosia? Quale bisogno mi sta a indicare? Da dove proviene la mia gelosia? Di che cosa ho paura? È la paura di essere abbandonato, di non essere la persona più importante per il mio amico o amica?». Se riconosco umilmente di esserne affetto, la mia gelosia mi può condurre a Dio. Allora potrò presentare a Dio la mia indigenza, la mia paura di essere abbandonato e pregarlo di soddisfare il mio desiderio ardente di un amore su cui poter contare.

Per la spiritualità dall'alto le passioni esistono soprattutto per essere dominate e superate. L'ideale della calma, dell'amore del prossimo, della cordialità richiede il dominio della *collera* e della *rabbia*. Eppure Dio abbastanza spesso mi può parlare nella mia rabbia, indicandomi il tesoro che giace sepolto in me stesso. Se la ascolto attentamente, la mia rabbia forse mi dice che non vivo pienamente il mio vero essere, che non ho permesso lo sviluppo di quel progetto che Dio ha ideato per me. La rabbia spesso mi fa presente che ho dato ad altri troppo potere: ho sempre soddisfatto le aspettative altrui e non ho dato ascolto a me stesso e ai miei bisogni. Non ero io a vivere. Gli altri mi sono venuti troppo vicini e, oltrepassati i miei confini, mi hanno ferito.

Anziché reprimere la rabbia, il dialogo con essa sarebbe la via che mi porta a trovare il tesoro in me, l'immagine che Dio si è fatto di me. La rabbia è la forza atta a buttar fuori da me l'altro che mi ha ferito, e a ristabilire così una sana distanza da lui. Solo dopo averlo buttato fuori da me, potrò anche perdonarlo e liberarmi realmente dal potere che esercita su di me. Soprattutto per le donne, che da bambine sono state fatte oggetto di abusi sessuali, è importante che vengano in contatto con la loro rabbia, e che buttino fuori da se stesse chi le ha violentate. Questa è la condizione richiesta per la guarigione del loro trauma.

C'è però anche un altro tipo di rabbia che semplicemente mi domina, con la quale non riesco più a entrare in dialogo: non riesco a capirne il senso, a capire il linguaggio dei 'cani che vi abbaiano'. Allora essa può diventare il pozzo in cui dovrò 'buttarmi', così come Goldmarie (nella fiaba *La signora Holle*) che, giunta al punto in cui non può più andare avanti, in cui ogni riflessione è inutile, dovette buttarsi nel pozzo. Forse anch'io, precipitato sul fondo del mio pozzo, scoprirò un prato di fiori, così che tutto ciò che è in me e intorno a me di colpo si trasformerà. Oppure troverò sul fondo della mia rabbia una sorgente di energia, e allora la mia rabbia si trasformerà in voglia di vivere. Oppure, nella mia impotenza a liberarmi dalla rabbia o a gestirla nel modo giusto, saprò abbandonare i miei sforzi per consegnarmi semplicemente nelle mani di Dio. A questo punto la rabbia mi rinvia al mio rapporto con Dio. Non riuscirò mai a sbarazzarmene per sempre, ma la rabbia mi potrà sempre servire da stimolo per rimettermi nelle mani di Dio.

Sono quindi *tre le vie della spiritualità dal basso* che riscontriamo regolarmente: *prima via*, il dialogo con i pensieri e sentimenti; *seconda via*, il calarsi in profondità, l'immergersi intuitivo nelle emozioni e nelle passioni, sentendole fino in fondo, cioè fino alla loro trasformazione, così che, raggiunto il fondo, io scopra nuove possibilità e trovi Dio; *terza via*, la capitolazione davanti a Dio, l'ammetter che con le sole proprie forze non si potrà mai avanzare, l'arrendersi a Dio, il lasciarsi cadere nelle braccia del buon Dio, che è il 'buttarsi nel pozzo' della fiaba *La signora Holle*.

Alcuni pensano che l'*irascibilità* sia una proprietà caratteriale tale da non poter essere cambiata. Ma, se entro in dialogo con la mia irascibilità, forse scopro che questa è come un grido che rivendica la vita. Essa può rammentare a qualcuno situazioni dell'infanzia in cui non era preso sul serio nella sua unicità, nei suoi sentimenti. Allora era probabilmente una necessità di vita che egli si difendesse così irascibilmente contro questo 'non essere preso sul serio', per non essere calpestato ancor di più nei propri sentimenti, magari fino a esserne soffocato. Se allora il ricorso all'irascibilità era questione di sopravvivenza, ora non è più una buona strategia; anzi si soffre per tale irascibilità che rende la vita difficile a se stessi e al proprio ambiente.

Il dialogo con l'irascibilità potrebbe metterci in contatto con il desiderio ivi latente di avere dei sentimenti del tutto personali. Ci sono anche persone che, pur dialogando con la propria irascibilità, non ne vengono a capo. È necessario che esse si pacifichino in tutta umiltà con l'indomabilità dei loro scatti di nervi e si lascino guidare dalla loro irascibilità alla ripetuta constatazione della propria impotenza, non rimanendo loro altra possibilità che arrendersi e consegnarsi a Dio. Molte persone soffrono per una qualche *paura o angoscia*. Una reazione frequente è quella o di voler superarla attraverso una terapia, oppure di pregare insistentemente Dio di liberarle dalla paura. Ma in entrambi i casi esse sono fissate sulla loro paura di cui vorrebbero sbarazzarsi a tutti i costi. In questo modo non ne colgono il messaggio. Senza la paura non avremmo nemmeno il senso della misura, saremmo continuamente oberati da impegni. Una paura esagerata è spesso indice di un atteggiamento esistenziale sbagliato

Il *perfezionismo* è sovente la causa della nostra paura. Se devo dappertutto essere il migliore, se nelle discussioni devo sempre portare gli argomenti migliori, se mi aspetto che tutti trovino grandiosi i miei contributi, avrò continuamente paura di far brutta figura. Le mie aspettative sono così grandi da mettermi in stato d'angoscia. La terapia cognitivista del comportamento insegna che la paura segnalerebbe l'influsso di falsi principi di fondo, per esempio questo: «Non devo fare nessun errore, altrimenti non valgo niente. Non posso permettermi brutte figure altrimenti mi rifiutano». Il dialogo con la nostra paura potrebbe aiutarci a produrre gli antidoti richiesti: «Vado bene così come sono. Mi è lecito sbagliare. Non casca il mondo se faccio brutte figure. La mia dignità interiore nessuna brutta figura me la potrà togliere».

A dire il vero, non si tratta di un trucco per liberarmi dalla mia paura; questa infatti può sollecitarmi ad avere un rapporto migliore con me stesso e a trovare un'immagine più adeguata di me stesso. Può anche succedere che tutto il dialogo condotto con la mia paura non serva a niente, che essa continui a paralizzarmi. A questo punto la paura mi spinge a Dio: non mi resta che ammettere la mia impotenza a venirne a capo. Allora la paura sarà il fondo da cui poter rimbalzare a Dio; essa mi costringe ad affrontarla spiritualmente, a presentarmi suo tramite a Dio o a recitare delle preghiere bibliche: «Se dovessi camminare in una valle oscura, non temerei alcun male, perché tu sei con me» (*Sal* 23,4). Oppure: «Il Signore è con me, non ho timore; che cosa può farmi l'uomo?» (*Sal* 118,6). In tal caso la paura costituirebbe una sfida spirituale e un *test* per provare se prendo sul serio Dio e le sue promesse.

Se io credo veramente che Dio è con me, la paura certo non vola via per incanto, però potrei disporre di un'ancora di salvezza in mezzo alle mie paure. Potrei pacificarmi con essa così da non cadere nel panico a ogni ombra di paura. Un altro accorgimento è quello di ammetterla, ma nello stesso tempo di credere che in me c'è uno spazio in cui la paura non ha accesso. Certo, le mie emozioni ricevono l'impronta dalla paura, ma nel mio profondo essa non mi può seguire.

Talora abbiamo *paura di noi stessi*: abbiamo represso la nostra aggressività e abbiamo forte timore che essa possa esplodere. Prendiamo il caso di una donna alle prese talora con la paura irrazionale di arrivare a uccidere il suo bambino, che pure ama così tanto. Il dialogo con questa paura potrebbe svelarle che, accanto all'amore, ha anche delle pulsioni aggressive nei confronti del bambino. È infatti comprensibile che una madre, assillata dal bambino 24 ore su 24, provi anche delle pulsioni aggressive. Anch'essa infatti vorrebbe essere un po' sola per se stessa. Le pulsioni aggressive le fanno presente che ha bisogno di maggiore distanza dal bambino. Purtroppo, influenzata dall'idealismo della sua spiritualità dall'alto, non riesce a immaginarsi di aver anche lei il diritto di essere aggressiva. Evidentemente alberga in lei un alto ideale della maternità, secondo il quale una madre dovrebbe essere sempre piena di amore verso il suo bambino. Ma quanto più in alto ha mirato il suo ideale, tanto più veemente si è ridestato il polo contrario dell'aggressività. Il dialogo quindi con la propria paura potrebbe indurre la madre ad avere più cura di se stessa e non solo del bambino. La paura ha sempre un senso. Dovremmo solo saperne interpretare il linguaggio, così da poter scoprire il tesoro che ci vuol additare.

Ci sono però anche angosce che sono insite nell'esistenza umana: quella della *solitudine* e quella della *morte*. Qui occorre accettare l'angoscia e seguirla fino in fondo. Nel più profondo l'uomo è un essere solitario. Per Hermann Hesse 'essere umano' equivale a 'essere solitario': «Vivere è essere solitari. Nessun essere umano conosce l'altro, ognuno è solo». Per Paul Tillich religione è ciò che ognuno combina con la propria solitudine. Se mi concilio con la mia solitudine e con la paura che ho della stessa, potrei scoprire il segreto della mia esistenza. «Chi conosce la solitudine ultima, conosce le cose ultime», dice Friedrich Nietzsche.

La solitudine, l'‘essere solo’, mi potrebbe condurre all'esperienza profonda dell'‘essere uno’ con il tutto. Alla fin fine la mia solitudine mi rinvia a Dio. Il filosofo cattolico Peter Wust lo ha sperimentato nella sua estrema e ultima solitudine prima di morire: «Credo che la causa più profonda di ogni solitudine umana sia la nostalgia di Dio» (*Gesamtwerke*, IX, 155). Morendo si è soli. «Morire vuol dire solitudine ultima e assoluta; il morire ti rende solitario e ti immerge nella solitudine più estrema» (*Schütz*, 277). Ecco quindi che la solitudine mi potrebbe spingere ad affidarmi completamente a Dio. In tal caso la solitudine potrebbe arrecarmi frutti e costituire la sorgente della mia spiritualità.

Ma nonostante la fede nella risurrezione rimane ancora la *paura della morte*. Posso solo accettarla dicendomi: «Sì, io morirò. Posso morire in un incidente oppure per tumore o per infarto cardiaco. Non riesco in definitiva a sfuggire alla morte». Se io la accetto sarò costretto a riflettere sul mio essere uomo: in che cosa consiste la mia vita, quale è il suo senso? La paura di morire mi conduce ai fondamenti dell'esistenza umana. Grazie a tale paura posso riscoprire le verità cristiane; che cioè, attraverso il battesimo, vivo già al di là della soglia, che insieme a Cristo sono già morto e che la morte non ha più potere su di me. In me c'è qualcosa che la morte non potrà più distruggere. L'immagine che Dio si è fatto di me è immortale, anzi brillerà della sua vera bellezza solo a partire dalla morte.

La spiritualità dal basso gestisce inoltre in modo diverso

gli istinti: non cerca di dominarli, ma di trasformarli. Ci chiediamo dove essi vogliono spingerci. Ci sono oggi molte persone che hanno *problemi col cibo*. Alcune li combattono invano per tutta la loro vita. Certo, digiunare può essere un buon metodo per liberarsi dalla mania del mangiare; ma se mi castigo col digiuno perché ho mangiato troppo, ruoterò sempre intorno al tema mangiare o digiunare. Sarebbe meglio invece chiedersi perché si vuole sempre mangiare così tanto, quale nostalgia si nasconda dietro questa mania del mangiare. Dialogando con essa, tale mania si potrebbe trasformare. Se nel mangiare c'è la nostalgia del godere, la terapia consisterebbe piuttosto nell'imparare a godere concedendosi il gusto di buoni pasti. Il fine della vita spirituale è infatti, secondo la mistica medievale, *frui Deo* (godimento di Dio). Chi dunque si proibisce ogni godimento, nemmeno avrà sentore di Dio. La vera ascesi non è rinunciare o mortificarsi, ma esercitarsi ai fini della realizzazione umana, esercitarsi quindi anche nel godere.

La stessa cosa vale per la *sessualità*. L'abbiamo spesso imprigionata nella torre per paura che 'i cani abbaianti' ci sbranino. Ma così ci priviamo della forza della sessualità, che alimenta la nostra vitalità e la nostra spiritualità. Una spiritualità che tiene sotto chiave la sessualità dovrà continuamente aver paura dell'assalto delle concupiscenze in agguato. È una visione negativa della sessualità quella di volerla soltanto soggiogare.

La sessualità è la sorgente più importante della nostra spiritualità: se facciamo amicizia con essa e, come il giovane della fiaba, le parliamo gentilmente, allora potrebbe indicarci il tesoro che giace nel nostro profondo, cioè il tesoro della nostra vitalità e della nostra nostalgia spirituale. Essa potrebbe forse suggerirci: «Cerca di vivere e di amare realmente. Così come vivi adesso, sprechi la vita non vivendo te stesso e la vera vita. Non accontentarti di vivere solo correttamente! In te c'è una nostalgia più grande di vita e di amore. Fidati della tua nostalgia! Dedicati alla vita, agli uomini, amali con tutto il tuo cuore! E ama Dio con tutto il tuo cuore, con tutto il tuo corpo e con tutta la tua passione! Non darti pace fino a quando non trascendi in Dio e ti fondi in unità con lui!».

Ma non si tratta solo di scendere nella torre e di parlare con la propria sessualità, per scoprire il tesoro a cui essa vorrebbe condurre. Spesso la sessualità ci assale di sorpresa così che non riusciamo a dialogare con essa. Ci tiene semplicemente nelle sue mani. Molti soffrono a causa della *masturbazione*, contro cui ogni combattimento finisce per lo più nella delusione. Ma anziché penalizzarci con sentimenti di colpa, giova di più ammettere la propria incapacità a imbrigliare la propria sessualità. Per molti è salutare il fatto di non potere dominare la propria sessualità; il che li costringe ad ammettere umilmente di essere uomini in carne e ossa, di non riuscire con la forza a diventare uomini puramente spirituali.

I monaci parlano spesso della necessità di ammettere innanzitutto la propria impotenza; solo a questa condizione Dio ci toglie via la lotta. Ecco quanto dice a tale proposito un apoftegma: «Un fratello consultò il vecchio padre Agatone a proposito della libidine, e questo gli rispose: Suvvia, getta la tua incapacità davanti a Dio e troverai la quiete» (*Apo*, 103). Soltanto quando il giovane monaco confessa la sua impotenza a dominare la sessualità, Dio potrà condurlo, attraverso l'impotenza, a una nuova libertà. Sono possibili due esperienze: raggiungimento della pace con sé e con Dio attraverso l'impotenza di fronte alla sessualità, oppure la trasformazione della sessualità, come viene esercitata per esempio nel tantrismo, dove si pratica coscientemente l'eccitazione sessuale per risvegliare le forze spirituali. La sessualità è ritenuta qui una forza spirituale che ci spinge verso Dio.

Nella spiritualità dal basso accettiamo la nostra sessualità con riconoscenza in quanto ci ricorda continuamente che la nostra vita spirituale culmina nella voglia di vivere, che non dobbiamo vivere in modo puramente corretto, ma trascenderci in Dio mediante l'estasi. Nella nostra tradizione spirituale abbiamo per lo più considerato la sessualità negativamente, come quella passione che ci separa da Dio. Naturalmente la sessualità può anche far sì che ci chiudiamo a Dio. Ma si può anche sperimentare che l'eccitamento sessuale porta sempre con sé energia spirituale, che la sessualità ci ricorda ripetutamente la nostra nostalgia di fonderci in Dio con passionalità e amore, sperimentando in lui l'appagamento pieno delle nostre nostalgie.

È radicata profondamente in noi l'ambizione di avere in pugno i nostri sentimenti negativi, quali la tristezza e l'ipersensibilità. Ma abbastanza spesso ci accorgiamo di non riuscire a cacciare questi stati d'animo con il semplice pensiero positivo. Spesso neanche la preghiera ci può aiutare più di tanto. Parecchi pregano insistentemente Dio che li liberi dalla loro depressione; ma col loro pregare non fanno altro che girare e rigirare su se stessi.

Una suora soffriva per il fatto di essere colta ripetutamente da profondissima *tristezza*. La trascuratezza riservatale da una consorella, la scontentezza per il proprio lavoro, il lavoro eccessivo, o qualche altra occasione, facevano sì che la sua contentezza si tramutasse di colpo in cupa tristezza. Si rimproverava in continuazione di non riuscire a risolvere il problema nonostante l'accompagnamento terapeutico e spirituale. Essa è delusa di se stessa e dubita delle proprie forze. Sarebbe sbagliato pensare che ci sia un espediente spirituale o psicologico atto a liberarla per sempre da queste fasi di tristezza. Le domande da porre sono queste: per quale motivo vorrebbe liberarsi dalla sua tristezza, per la volontà di Dio o per la sua? La sua tristezza non corrisponde forse al suo ideale di essere una suora che vive sempre di Dio, che attraverso la preghiera e la meditazione diventa sempre più calma e padrona della situazione? Ma questo ideale è anche l'immagine-progetto di Dio su di lei? Oppure la suora vuole coprire con la propria immagine ideale quella di Dio, sollecitata dai propri gusti relativi a un'immagine di perfezione angelica? Non mira forse a far di Dio uno strumento che la aiuti a corrispondere ai propri ideali?

Per tanto tempo la suora ha creduto di potersi liberare della propria ipersensibilità per mezzo della preghiera e della meditazione. Ma non è questa la via giusta, in quanto lei usa Dio come mezzo per sbarazzarsi del proprio disagio; in realtà Dio non conta per lei. Se la suora nella sua spiritualità si preoccupasse di Dio in primo luogo e non di una vita tranquilla e appagata, allora troverebbe Dio non evitando, ma attraversando la sua tristezza. La via giusta sarebbe quella di ammettere esplicitamente di essere dolorosamente lacerata a causa della propria tristezza e ipersensibilità.

Se non solo parlo con la mia tristezza, ma mi ci immergo fino in fondo, allora essa potrà trasformarsi per me in un gusto agrodolce. Percepirò di colpo che la mia tristezza è un sentimento intenso, che in essa intravedo qualcosa della pesantezza del vivere e addirittura del mistero dell'essere. A questo punto mi fa bene accettare questa tristezza, che potrà trasformarsi in un sentimento positivo e nell'intuizione che mi restano ancora da infrangere molte altre illusioni, fin quando io non riconosca e sperimenti la verità della mia vita e la verità di Dio.

Spesso ci sono problemi, soprattutto d'interazione tra le persone, alla cui soluzione non serve capire il «linguaggio dei cani che abbaiano». Se in una *comunità* mi sento ripetutamente escluso e frainteso, posso sì risalire alle cause e cercare di offrirmi di più al dialogo per chiarire eventuali incomprensioni; ma spesso persiste il sentimento dell'essere esclusi e incompresi. A questo punto non serve insistere negli sforzi per essere finalmente compreso e accettato. Anzi quanto più insisto e ritorno sul problema dell'accettazione, tanto meno arriverò a sperimentarla. Non mi resta allora che considerare questa mia situazione in comunità come una sfida spirituale.

Ci sono situazioni, sia in una comunità claustrale sia anche nel matrimonio, talmente intricate da non poter essere risolte. Mi costringono a cercare in Dio il mio appoggio e il mio rifugio sicuro. Proprio quando la comunità non soddisfa i miei bisogni, dovrò chiedermi fin dove io prenda a cuore le parole del salmo: «Il Signore è il mio pastore: non manco di nulla» (*Sal* 23,1). Dio serve solo a garantire il mio benessere, oppure posso dire con santa Teresa d'Avila che soltanto Dio mi basta?

Problemi irrisolvibili nella vita di comunità potrebbero costituire un *test* di come e fin dove io prenda sul serio Dio. È qui che posso imparare a costruire soltanto su Dio, a indirizzare le mie nostalgie a Dio solo e ad aspettare da lui solo il compimento della salvezza. Se non trovo in altri rifugio e patria spirituali, dovrò allora cercarli in me. C'è in me una stanza in cui non arrivano le frecciate e le punzecchiature altrui, una stanza silenziosa abitata da Dio, in cui posso veramente essere a casa mia, poiché Dio stesso, il mistero, abita in me. Dipende allora dalla mia decisione se ruotare intorno al mio problema di incomprensione lamentandomene continuamente, o se approfittarne per crescere più profondamente in Dio.

Questi sono solo alcuni esempi volti a illustrare che cosa sia in concreto la spiritualità dal basso. Essa consiste soprattutto nel ripiegarsi su ciò che è in noi, nel prendere sul serio i sentimenti che vi affiorano, nel non condannarci per qualche sentimento o passione; nel ritenere anzi che Dio parli proprio attraverso quel sentimento o quella passione, rivelandoci che proprio lì manchiamo di vivere il nostro essere profondo.

Il dialogo con i sentimenti e con le passioni potrebbe indirizzare la nostra attenzione su ambiti rimossi che pure sono essenziali, e senza i quali la nostra vita sarebbe più povera. Oppure le emozioni, che diversamente ci vietiamo, potrebbero metterci in contatto con quell'immagine-progetto che Dio ha di noi, ma alla quale abbiamo sovrapposto le nostre immagini ideali. Una tipica immagine ideale è quella di essere sempre controllati e calmi, amichevoli e gentili. Ma con questa immagine ideale falsiamo l'immagine-progetto pensata da Dio per noi. Forse qualcosa di completamente altro vuole emergere in me, qualcosa di unico, qualcosa che Dio vorrebbe sviluppare solo in me, ma che io però soffoco in quanto non confacente coi miei gusti.

Ma nel contempo avverto che non smette di infilarsi anche nella mia spiritualità dal basso l'ambizione di poter cambiare me stesso, di trovare io stesso la via che porta a Dio, certamente diversa da quella della mia gioventù, comunque sono pur sempre io a voler condurre il gioco. La spiritualità dal basso esige invece che io parta dal principio di non riuscire mai a trovare un metodo per salvarmi, per trasformarmi. Devo ripetermi in continuazione: «Malgrado tutti i tuoi sforzi spirituali, malgrado i libri che scrivi, sarai sempre alle prese con gli stessi problemi, non riuscirai mai a sbarazzarti della tua ipersensibilità e ambizione». Soltanto riconoscendo la mia impotenza potrò aprimi veramente a Dio. Percepisco a questo punto che non mi resta altro che tendere le mie mani vuote e arrendermi a Dio.

È per questa ragione che le parole finali del romanzo *Das Ende einer Affäre* [*Fine di una storia*] mi hanno colpito così tanto. Lo scrittore, che si era innamorato di Sarah e che ora dopo la morte di lei sta bevendo un bicchiere di birra in compagnia di suo marito, fa questa preghiera: «Dio, tu hai fatto abbastanza, mi hai derubato abbastanza. Sono troppo stanco e vecchio per poter cominciare di nuovo ad amare. Perciò ti prego di lasciarmi per sempre solo» (*Greene*, 183). Dopo tutte le avventure passionali con la sua amante, alla fine della relazione amorosa non gli rimane che arrendersi consegnandosi a Dio. Non è stata comunque la sua virtù a donargli questa esperienza di Dio, bensì il fallimento del suo amore proibito. Analoga preghiera formula il curato di campagna nel romanzo di George Bernanos: «Eccomi spogliato, Signore, come solo voi sapete spogliare, poiché nulla sfugge alla vostra sollecitudine spaventosa, al vostro spaventoso amore» (*Bernanos*, 172).

Una buona volta sarò stanco di tutti i tentativi volti a cambiarmi. Allora anche il mio tentativo di abbandonarmi nelle mani di Dio non sarà più frutto della virtù da cui trarre vanto, ma espressione di un completo essere spogliato. Ecco che allora mi lascerò cadere in Dio, essendo questa l'unica possibilità rimasta. È soltanto a questo punto che si è liberi da ogni ambizione che cerca continuamente di pervertire la spiritualità in una prestazione.

Dialogare con le proprie malattie

La spiritualità dal basso insegna anche a trattare in modo diverso la malattia. In noi è radicato il desiderio inconscio di vivere in modo tale da *non ammalarci mai*. Sentiamo spesso la malattia come una sconfitta, in quanto non disponiamo di noi stessi a tal punto da essere padroni della situazione: siamo affetti da virus, il nostro corpo reagisce a tensioni e a difficoltà. Ce ne irritiamo spesso e vorremmo avere di nuovo il corpo a disposizione, per mezzo di medicinali, di un'alimentazione sana, praticando lo sport. Un sano stile di vita è sicuramente una buon metodo per gestire se stessi e i propri bisogni. Però se ipotizzassimo uno stile di vita che ci garantisca la salute, saremmo di nuovo succubi di un falso ideale di perfezione. La malattia è spesso un'opportunità per scoprire il tesoro che è in noi. Se non ci ammalassimo, continueremmo a vivere superficialmente e a non cogliere il nostro vero essere. L'uomo, per sua natura, non è così sensibile rispetto a Dio da praticare spontaneamente ciò che Dio ha pensato per lui. Ecco allora che la malattia è una chiamata di Dio volta a condurlo nella verità e a fargli scoprire il tesoro che è in lui. Un paio di esempi intendono illustrarci come possiamo entrare in dialogo con le nostre malattie, e come Dio, proprio mediante le stesse, ci conduca al nostro tesoro. La malattia può essere un'occasione che ci fa scoprire appunto nuove possibilità in noi. Ma essa può anche condurci a dubitare di noi stessi, all'impotenza di sopportare i dolori che ci addossa. Spesso non scorgiamo un senso nella malattia, non comprendiamo che cosa voglia indicarci. Ma proprio la mancanza di senso, l'afflizione per la perdita della salute, l'oscurità del dolore, possono operare in noi quello squarcio che apre a Dio così che, abbandonati tutti i tentativi di fissazione su noi stessi, ci arrendiamo rimettendoci nelle sue mani.

Succede piuttosto di frequente che i sacerdoti durante la messa siano in ansia tale da provare delle *vertigini*. Spesso è proprio nel momento dopo la consacrazione che irrompe questa paura. Alcuni si aggrappano spasmodicamente all'altare, altri cominciano a sudare. Alcuni pensano che qualcosa in loro non funziona: sono sempre alla ricerca di nuovi medici capaci di risolvere il problema. Ma non sarebbe meglio chiedersi il perché dei capogiri? Certo, senza alcun intendimento morale, nessuno infatti soffre di vertigini consciamente. Comunque, le vertigini segnalano spesso la presenza di un conflitto interiore, precisamente tra idealismo e realtà.

È per lo più la spiritualità dall'alto a causare le vertigini: l'ideale è così alto da far venire a uno il capogiro. In qualche prete emerge inconsciamente, proprio nel momento della consacrazione, un'immagine arcaica del sacerdote: di colui cioè che trasforma il terreno in celeste, che entra in contatto col divino, che penetra nel *sancta sanctorum*, e così via. Ma nello stesso tempo il prete percepisce di essere semplicemente uomo, con difetti e debolezze, con fantasie sessuali e pieno di aggressività. Non riuscendo a conciliare queste due immagini, il suo corpo reagisce di conseguenza. Il materiale rimosso riemerge in modo così veemente da imporsi all'attenzione del sacerdote. Non basta dominarsi e stringere i denti, si dovrà invece accettare la realtà.

Entrando in dialogo con esse, le mie vertigini potrebbero far luce su questo conflitto dualistico, e insegnarmi a conciliare queste due immagini antitetiche, ad accettare la mia realtà umana con i suoi difetti e debolezze, e a lasciarmi prendere così come sono al servizio di Dio. Ciò mi preserverebbe dal pericolo di ritenermi superiore agli altri, cadendo vittima di una ideologia del sacerdozio. Sarebbe l'occasione buona per liberarmi da concezioni pagane in proposito e per introdurmi nel mistero del sacerdozio cristiano, che la *lettera agli Ebrei*, riferendosi a Gesù Cristo, descrive in questi termini:

> Infatti, non abbiamo un sommo sacerdote che non sappia compatire le nostre infermità, essendo stato lui stesso prova-

> to in ogni cosa, a somiglianza di noi, escluso il peccato. [...] Ogni sommo sacerdote, preso fra gli uomini, viene costituito per il bene degli uomini nelle cose che riguardano Dio, per offrire doni e sacrifici per i peccati (*Eb* 4,15; 5,1).

Naturalmente il dialogo col fenomeno delle vertigini non ci garantisce una loro cessazione automatica. Contribuisce comunque a farci capire meglio la nostra situazione.

Il *mal di testa* ci impedisce di lavorar bene, per cui vorremmo eliminarlo il più presto possibile. Ma in questo modo non coglieremmo gli avvertimenti che il mal di testa vuole inviarci. Normalmente segnala che pretendiamo troppo da noi, che viviamo troppo stressati. Talora è anche un segno che non ci sentiamo a nostro agio in un ambiente sociale. Se però ricorriamo ai medicinali per reprimere il mal di testa, perdiamo l'occasione di coglierne il messaggio. Il corpo ci costringe a quel riposo che diversamente non ci concederemmo; si fa sentire proprio quando passiamo la misura.

Dovremmo essere riconoscenti che il corpo reagisca così fortemente, è un fedele accompagnatore che 'abbaia' quando il nostro attivismo esteriore impedisce l'accesso al nostro tesoro interiore. Non dovremmo reagire guardando il corpo dall'alto in basso, costringendolo a obbedirci affrettatamente con i medicinali, ma dovremmo carpire con sensibilità e intuizione ciò che vorrebbe dirci. Dio stesso mi indica nella malattia la mia realtà. E non posso andare a Dio evitando il sentiero della mia malattia; dovrò piuttosto, attraverso la stessa, tendere a Dio che è la salvezza-salute (*Heil*) più vera e profonda del corpo e dell'anima. Là dove sono malato sta anche il mio tesoro. Anziché porre subito mano ai medicinali per imbrigliarla, dovremmo entrare in dialogo con la malattia, la quale forse ci avvisa che non abbiamo un giusto rapporto con noi stessi, che viviamo in contrasto con la nostra vocazione, con l'immagine di Dio in noi. Riconciliandoci con essa, la malattia ci porterà in contatto con ambiti e possibilità finora trascurati. Essa è quel 'cane selvaggio' in noi che non smette di abbaiare, fino a quando non l'ascoltiamo e non ci mettiamo insieme a essa a cercare il tesoro.

Non è poi il caso di volersi sbarazzare di qualsiasi malattia. Talora abbiamo bisogno di un 'monitore' costante per vivere conformemente alla nostra verità. Da monitore potrebbe fungere un'*allergia* che non vuole andarsene neanche facendo uso del sapere psicologico. Essa ci ammonisce di avere un giusto rapporto con noi stessi, di usare circospezione e mitezza nei confronti dei nostri desideri. L'allergia mi potrebbe costringere a vivere in modo disciplinato, a vivere io stesso anziché essere vissuto. Per un altro è la *tosse* che, fungendo da promemoria, gli rammenta di essere lui stesso a vivere, di fidarsi dei suoi sentimenti e di esprimerli, anziché conformarsi supinamente alle aspettative altrui. In tale situazione dovremmo penetrare con senso intuitivo nella sintomatica di una malattia: i sintomi di una malattia spesso preannunciano già la via terapeutica, indicando ciò su cui bisogna fare attenzione.

Ma non dobbiamo pretendere che, attraverso il dialogo

coi 'cani che abbaiano', tutte le nostre malattie si trasformino in vie che ci portano al nostro tesoro. Abbastanza spesso il senso della malattia ci rimane nascosto, abbastanza spesso essa porta con sé soltanto dolori insopportabili. Anche se le rivolgiamo molte domande, essa non ci rivela il segreto a cui vorrebbe portarci. Infatti non c'è solo la malattia come espressione dell'anima, ma anche la *malattia fatale* che ci piomba addosso dall'esterno, senza che riusciamo a riconoscere suo tramite la nostra psiche. Allora non ci resta che riconciliarci con la stessa, non ci resta che arrenderci affidandoci a Dio.

La malattia ci costringerà allora a deporre le armi e a capitolare davanti a Dio. Non è così facile quando si è malati abbandonarsi nelle mani di Dio. Siamo spesso troppo ligi a una spiritualità dall'alto che vorrebbe darci a intendere che, per sé, non saremmo dovuti cadere in malattia se fossimo vissuti in modo giusto. È troppo forte in noi l'ambizione di poter riprendere in mano la situazione; e abbastanza sovente riaffiora l'idea di aver sbagliato in qualcosa e di essere quindi colpevoli della nostra malattia. A questo punto bisogna mettere da parte ogni ricerca di cause e ogni sentimento di colpa, abbandonandoci semplicemente nelle mani di Dio; il quale ci conduce spesso per vie impensabili. Nella malattia incontriamo il Dio inconoscibile; dobbiamo quindi lasciar perdere tutte le nostre rappresentazioni di Dio e di noi stessi, dobbiamo semplicemente consegnarci al vero Dio che scompiglia tutti i nostri piani e idee e ci 'squarcia' per aprirci totalmente a lui.

Dialogare con i propri traumi e ferite

La spiritualità dal basso insegna un trattamento diverso delle proprie ferite. Ognuno di noi porta con sé una qualche ferita inflittagli dalla vita: l'uno è stato picchiato ingiustamente da bambino, senza possibilità di difesa; un altro è stato ridicolizzato e non preso sul serio; un altro ancora è stato vittima di abusi sessuali, trattato da oggetto di istinti sessuali. Queste sono ferite profonde. John Bradshaw ritiene che il trauma peggiore sia la ferita spirituale:

> Più di tutto il resto va fatta responsabile la ferita spirituale se di noi sono risultati degli adulti bambini privi di autonomia e pieni di vergogna. La storia del decadimento di ogni uomo e di ogni donna tratta di come un bambino meraviglioso, importante, speciale e prezioso abbia perso il suo originario sentirsi 'io sono quel che sono' (*Bradshaw*, 66).

Alcuni si difendono dai traumi della propria infanzia, diventando *interiormente rattrappiti*. Il che spesso è addirittura necessario per sopravvivere; però impedisce nello stesso tempo di vivere normalmente. Altri rimuovono i traumi tenendoli ermeticamente sotto un coperchio. Ma vivono nella continua paura che, per la troppa pressione interiore, si arrivi a una esplosione. Altri ancora si lasciano paralizzare dalle loro ferite: ci ritornano su continuamente e rinunciano ad avventurarsi nella vita per paura di subire nuove ferite. La spiritualità dal basso ci vuol svelare che proprio nelle nostre ferite possiamo scoprire il tesoro che giace nascosto nel fondo della nostra anima.

Henri Nouwen all'inaugurazione della nostra 'Casa di accoglienza' diceva: «Proprio là dove siamo feriti, dove siamo infranti (*brechen*) siamo anche resi aperti (*auf-brechen*) a Dio». Là siamo anche aperti all'incontro col nostro vero Sé. Attraverso le mie ferite scopro chi sono veramente; vengo in contatto col mio cuore, riprendo vitalità e scopro il tesoro del mio vero Sé. Le ferite stracciano le maschere che mi sono imposto, mettendo a nudo la vera realtà profonda. Bisogna ammettere che il cammino di questa spiritualità dal basso non è così semplice; presuppone che mi riconcili con le mie ferite, che le consideri come le mie migliori amiche, come quelle che mi indicano la via che porta al tesoro. Là dove sono ferito, sono anche completamente me stesso. È da sotto la superficie della mia vita che emerge il mio vero Sé, e vuol prendere la parola.

Ecco una donna che, da bambina di tre anni, veniva picchiata da sua madre con una bacchetta, senza che la piccola sapesse il perché. Involontariamente la bambina si è irrigidita di schiena, per difendersi nella sua situazione di impotenza e di rabbia. A 50 anni soffre di forti *mali di schiena*. Nell'accompagnamento terapeutico e spirituale la donna si rende conto che la sua schiena rigida si spiega come una forma di difesa istintiva contro tutti i colpi infertole ripetutamente dalla vita. Ma la conoscenza della causa non basta a togliere i dolori alla schiena. Soltanto quando, sia nel colloquio sia anche nel massaggio, viene in contatto con la sua ferita, riesce a rilassare il suo crampo. Ecco allora che i suoi sentimenti cominciano a fluire nella sua schiena, irrorata da una energia benefica. La donna rifiorisce e si rallegra per la ritrovata vitalità, e insieme riconosce che il suo irrigidirsi di schiena era necessario per continuare a vivere.

Ma adesso il chiudersi irrigidendosi non è più un comportamento adeguato, non fa che peggiorare i suoi mali di schiena. Adesso la donna è così forte che può porsi di nuovo davanti al dolore dell'infanzia, che può sfogare anche la rabbia contro sua madre, da lei finora idealizzata. Il dialogo col mal di schiena e la comprensione delle sue ferite di vita hanno fatto rifiorire in lei nuova vita. Essa può riconciliarsi col suo passato che ora riesce a contemplare realisticamente, con le sue ferite, ma anche con le sue esperienze positive. Avverte che la vita riprende a rifluire in lei, e che sta riacquistando una gran voglia di vivere. La sua vita spirituale, per lunghi tratti, era stata un tentativo di fuga dal suo trauma esistenziale. Adesso può ripresentarsi davanti alla sua ferita, riconoscendola come sorgente della sua spiritualità e imparando ad amarla. La ferita la mantiene vigilante affinché non si richiuda rigidamente in se stessa, ma 'erompa' dalla ferita per aprirsi a Dio.

Un'altra donna reagisce sempre con *ipersensibilità* a ogni accenno di critica; vi fiuta subito un rigetto di tutta la sua persona. Essendo da bambina stata scaricata dalla madre alla zia, si sentiva come un peso per la madre. A ogni critica le si riapre la ferita dell'allontanamento da casa e dell'essere di peso. È vano ogni sforzo razionale volto a superare tale ipersensibilità. Anche gli sforzi della preghiera e della meditazione, per liberarsi da tale suscettibilità, non hanno successo. Nonostante la preghiera, reagisce sempre nello stesso modo e se ne rammarica.

Spiritualità dal basso significherebbe per la donna calarsi nella propria suscettibilità, cioè nella ferita del sentirsi scaricata e indesiderata. Soltanto se essa riprova ancora il dolore infertole dal rifiuto della madre, questo dolore si trasformerà facendole intuire in mezzo alla sofferenza un altro tipo di accoglienza, cioè un amore incondizionato da cui è sorretta. Non serve a niente se la paziente evita il dolore rifugiandosi nella preghiera: deve invece pregare attraversando quel dolore, tramite il quale può venire in contatto col suo tesoro. Quel tesoro della bambina ferita la quale è nello stesso tempo una bambina divina, cui Dio cioè ha donato una dignità divina. Attraversando il dolore e giungendo sul fondo della sua ferita, essa potrà avere sentore di Dio. Forse prima dovrà abbastanza a lungo recitare le lamentazioni bibliche, fino a quando il suo dolore non si trasformi in gioia.

> Mi ha fatto abitare in luoghi tenebrosi
> come i morti da lungo tempo.
> Mi ha costruito un muro tutt'intorno,
> perché non potessi più uscire;
> ha reso pesanti le mie catene.
> Anche se grido e invoco aiuto,
> egli soffoca la mia preghiera.

> Ha sbarrato le mie vie con blocchi di pietra,
> ha ostruito i miei sentieri.
> Egli era per me un orso in agguato,
> un leone in luoghi nascosti.
> Seminando di spine la mia via, mi ha lacerato,
> mi ha reso desolato (*Lam* 3,5-11).

Solo quando essa esprimerà il suo dolore davanti a Dio, riuscirà a prendere le debite distanze dalle sue ferite, che potranno così guarire e trasformarsi.

Molto spesso la vita ci delude: siamo delusi di noi stessi, dei nostri insuccessi e fallimenti, delusi della professione, del nostro coniuge, della famiglia, del convento, della parrocchia. Alcuni reagiscono a tali *delusioni* rassegnandosi, si adagiano alla vita così com'è. Ma nel loro cuore si spegne ogni vivacità e ogni speranza; i sogni della vita vengono sepolti. Anche la delusione mi potrebbe indirizzare al tesoro. Forse mi vuol liberare dalle illusioni che mi sono fatto sul mio conto e sul mio futuro. Forse attraverso occhiali colorati vedevo tutto roseo, ma ora la delusione, strappatimi tali occhiali, mi fa vedere la scomoda verità della mia vita. La delusione smaschera l'illusione in cui sono cascato e la soppianta. Mi mostra che la mia autoimmagine non era vera, che ho sbagliato nel valutarmi. Così la delusione costituisce l'opportunità per scoprire il vero Sé e l'immagine-progetto che Dio ha di me. Naturalmente la delusione sulle prime fa male, ma attraverso la sofferenza posso imparare a riconciliarmi con la realtà, e a vivere così in modo realistico e adeguato.

«Le ostriche ferite fanno nascere dalle loro piaghe sanguinanti una perla. Il dolore che le lacera si trasforma in un gioiello» (Richard Shanon, in *Müller*, 86). Nelle mie ferite crescono le perle, ma solo se mi riconcilio con le mie ferite. Se stringo i denti per rimarginare spasmodicamente le mie ferite, non potrà crescervi niente. Spesso fa male venire in contatto con la mia piaga, sento la mia impotenza a liberarmene; rimarrà sempre in me, se non altro in forma di cicatrice. Ma, se l'accetto, la mia ferita potrà trasformarsi in una sorgente di vita e di amore. Là dove sono ferito sono anche vivo, ivi sento me stesso e gli altri. Vi posso lasciare entrare anche gli altri, la mia ferita diventa così luogo di incontro e di contatto salutare anche per gli altri. Soltanto il medico ferito può guarire, dicono i greci. Nessuno può penetrare dalla parte in cui sono forte. Dove sono 'rotto' (*brechen*) Dio potrà 'ir-rompere' (*ein-brechen*), e anche gli uomini vi troveranno una breccia per accedere. Ivi verrò in contatto col mio vero Sé, l'immagine-progetto che Dio ha di me.

Viviamo spesso nell'illusione che tutte le nostre ferite guariranno. Strumentalizziamo Dio per la loro guarigione; la quale per noi significa che tutte le nostre ferite guariscano al punto di non sentire più niente. Fino a quando esse non si cicatrizzano, vi ruotiamo intorno penetrandole però sempre più in profondità. Rimproveriamo Dio di averle permesse. Solo quando siamo disposti a riconciliarci con le nostre ferite, queste potranno diventare la porta che ci introduce in quella nostra stanza illesa e salutare, in cui Dio stesso abita.

La ferita ci costringe a cercare la salvezza-salute (*Heil*) nella nostra interiorità e non in bravura e forza esteriori. In ognuno di noi, per quanto ferito dalla vita, c'è questa stanza salutare, questo *sancta sanctorum* accessibile soltanto a Dio. Ivi, pur in mezzo alle nostre lacerazioni, possiamo sperimentare il Dio che guarisce e salva.

Esperienze di impotenza e di fallimento spirituali

Secondo André Louf la via che porta a Dio passa attraverso l'esperienza della propria impotenza. Quando non ci riesco più, quando tutto mi viene tolto di mano e sono costretto a prendere atto del mio fallimento, ebbene non mi rimane altro che mollare, arrendermi a Dio, mostrandogli le mani vuote. L'esperienza di Dio non è mai una ricompensa per il nostro impegno, ma la risposta di soccorso alla nostra impotenza. Arrendersi consegnandosi a Dio, ecco la meta del cammino spirituale. André Louf parla di «ascesi della debolezza»:

> Ogni forma di ascesi autentica deve portare il monaco a quel punto zero, dove le sue forze crollano, dove è confrontato con la sua estrema debolezza e non è più all'altezza della situazione. Così che il suo cuore viene infranto e calpestato, *cor contritum*; e insieme al suo cuore vengono infranti tutti i

suoi piani umani di perfezione. In questo cuore infranto e calpestato, dove regnano soltanto debolezza e incapacità, può intervenire la forza di Dio a prendere in mano tutta la situazione. Allora l'ascesi diventerà un miracolo, un continuo miracolo in un cuore umiliato e calpestato, in balia della propria debolezza e dell'onnipotenza del Signore (*Louf*, 46s.).

André Louf cita un detto del vecchio abate Mosè:

Digiunare e vegliare la notte hanno come scopo di scoraggiare il monaco, *ut se dimittat*, affinché ceda, per avviarlo all'umiltà. Se porta questo frutto, allora il monaco conquista il cuore di Dio che interverrà col miracolo (*ibid.*, 46).

L'ascesi non conduce alla forza, ma alla debolezza, all'esperienza che non riusciamo a migliorare noi stessi, che dipendiamo in tutto e per tutto dalla grazia di Dio. È qui che dovrò abbandonare me stesso e i miei sforzi per cadere nelle braccia di Dio.

Nonostante ogni fallimento i monaci esortano all'ascesi; senza questa la grazia sarebbe una 'grazia a buon mercato', come la chiama Bonhoeffer. Soltanto quando, nonostante tutto il mio combattere, avverto di non riuscire a migliorarmi, capisco che cosa significhi veramente la grazia; allora mi si chiarirà quanto il curato di campagna di Bernanos scrive nel proprio diario: «Tutto è grazia». Louf spiega con un esempio ciò che intende per 'ascesi della debolezza':

Poniamo il caso che un giovane monaco venga a domandare: «Padre abate, posso domani mattina presto alzarmi un'ora

> prima? Io ce la faccio sicuramente, mi creda!». «Ma, se ce la fa, allora non è necessario; non ha più senso! Infatti da che parte sta lei allora? Dalla parte dei giusti...». Sarebbe totalmente diversa la situazione se il giovane monaco dicesse: «Questo per me è un punto debole, e sento che Dio mi chiama in questa situazione, per operare su di me il suo miracolo proprio attraverso la mia debolezza». Ecco la vera ascesi. È chiaro che non tutti vi sono chiamati (*ibid.*, 47).

Ascesi non significa dar prova di forza, ma misurarsi continuamente coi propri limiti, per arrendersi a colui che non ha limiti. «Sono convinto che l'ascesi monastica può essere unicamente e solamente – altrimenti sarebbe ascesi pagana – un gesto di persone povere e deboli, giunte al punto di porre la loro speranza solo nella grazia» (*ibid.*, 47).

Talora, nell'intento di condurre gli uomini alla constatazione della propria debolezza, a Dio non rimane altra possibilità che condurveli attraverso il *peccato*.

> Isacco di Ninive dice: «Non avendo altra soluzione, Dio permette il peccato. Lo permette per portare l'uomo all'estremo limite della sua debolezza. Questa è l'estrema possibilità. Talora però Dio ricorre a quest'ultima possibilità, appunto perché solo qui si rivela la sua forza» (*ibid.*, 50).

Nel mio peccato si polverizzano tutte le illusioni che mi sono fatto su di me e sul mio cammino spirituale; mi rendo conto che la mia ascesi non è servita a evitare il peccato, e riconosco che non ho nessuna garanzia di non peccare. Cadrò sempre nel peccato se Dio non mi trattiene. Posso fare quello che voglio, ma senza la grazia di Dio sono senza difesa di fronte al peccato. Se questa verità mi illumina nel cuore, non mi resta che arrendermi a Dio. Allora cadranno tutti i muri che ho costruito tra me e Dio. Tutto mi sarà tolto dalle mani, che terrò finalmente aperte capitolando davanti a Dio. Il peccato si trasforma nella *felix culpa* che mostra la mia impotenza. Non ho più nessuna garanzia per me: il peccato mi dimostra che solo Dio mi può trasformare.

Dipende sempre da come interpreto le mie esperienze e reagisco di conseguenza. Posso interpretare il mio peccato come fallimento e reagire con autorimproveri; il che mi butterebbe giù interiormente spingendomi alla rassegnazione. Posso anche minimizzare il peccato, allora la mia vita spirituale s'imborghesirebbe. Posso inoltre rimuovere il peccato, in tal caso vivrei da fariseo. La spiritualità dal basso invita a vedere nel peccato un'opportunità per affidarsi totalmente a Dio. Il che naturalmente non vuol dire che dobbiamo peccare di proposito. Dobbiamo quindi lottare affinché Dio ci trasformi.

Comunque continueremo a ricadere nel peccato. Se mettiamo il cuore in pace al riguardo, se ammettiamo la nostra impotenza nel tendere alla perfezione, proprio questo toccare il fondo è un'occasione per arrenderci totalmente a Dio. Nel peccato Dio ci strappa tutte le maschere dalla faccia, là crollano tutti muri della correttezza eretti da noi stessi. Possiamo così presentarci nudi e indigenti davanti al vero Dio e lasciarci rialzare dal suo amore.

André Louf cita ripetutamente la frase di Paolo: «Ed egli mi ha detto: “Ti basta la mia grazia; la mia potenza infatti si manifesta pienamente nella debolezza” [...] quando sono debole, è allora che sono forte» (*2 Cor* 12,9s.). Ecco il paradosso del cammino spirituale: è proprio nella nostra debolezza che avvertiamo la grazia di Dio. Nella nostra ascesi spesso abbiamo la sensazione che siamo noi stessi a portarci avanti, che possiamo conquistare da noi stessi le virtù. Soltanto nel fallimento ci rendiamo conto che non riusciamo a migliorarci, che dipendiamo totalmente dalla grazia di Dio. Questa prende le mosse dalla nostra debolezza e, nella nostra impotenza, diventa potenza dello Spirito. Lo Spirito ci trasforma solo «quando abbatte e infrange; egli deve demolire muri di difesa, fortificazioni e roccaforti» (*Louf*, 29).

La grazia per Louf non è

> una specie di mantello di copertura da stendere pietosamente su tutto [...]. La grazia va più a fondo del nostro subconscio. Essa è la realtà più profonda in noi che dovrà crescere attraverso la psiche e il corpo. E normalmente ciò ribalterà, abbatterà e ricostruirà, ferirà e guarirà, raddrizzerà la nostra psiche (*ibid.*, 30).

La grazia costruisce sulla natura e può innalzarla; ma può anche agire in noi spingendoci in basso, al punto zero.

> L'esame spirituale decisivo della sua vita porta il monaco all'orlo della disperazione, alla soglia dove si può perdere la ragione. La situazione potrebbe precipitare a tal punto, qualo-

> ra non intervenisse la grazia a salvarlo dalla sua più profonda debolezza. Non c'è da meravigliarsi: quando i muri della falsa umiltà e della falsa perfezione sono demoliti, allora improvvisamente tutto è di nuovo possibile (*ibid.*, 31).

Se gli ideali, cui il monaco ha aderito così a lungo, vanno a pezzi, allora non gli rimane che consegnarsi a Dio.

Georges Bernanos, nel *Diario di un curato di campagna*, descrive più volte che la delusione, la propria cattiveria, il peccato ci spingono alla fin fine verso Dio. Alle parole che la figlia del conte gli scaglia contro («Se la vita mi delude, non importa. Mi vendicherò, farò il male per il male») il curato risponde: «In quel momento troverete Dio [...]. Buttatevi dunque avanti quanto vorrete, bisognerà che il muro un giorno ceda, e che tutte le sue brecce si aprano sul cielo» (*Bernanos*, 236). Anche il fallimento, che il curato sperimenta riguardo a se stesso e alla sua comunità parrocchiale, finirà per introdurlo ancor più profondamente nell'amore di Dio:

> Quella specie di diffidenza che avevo di me, della mia persona, si è dissipata; credo, per sempre. Questa lotta è giunta al suo termine. Non la capisco più. Sono riconciliato con me stesso, con questa povera spoglia.
> Odiarsi è più facile di quanto si creda. La grazia consiste nel dimenticarsi. Ma se in noi fosse morto ogni orgoglio, la grazia delle grazie sarebbe di amare umilmente se stessi, allo stesso modo di qualunque altro membro sofferente di Gesù Cristo (*ibid.*, 272).

Il fallimento di noi stessi può portarci alla disperazione di noi stessi. Ma tale *disperazione* può anche aprirci alla grazia di Dio che ci rialza. Per questo Benedetto, alla fine del cap. 4 (in cui elenca tutte le opere che possiamo fare per formarci e per prepararci alla grazia di Dio) indica la grazia come lo strumento più importante dell'arte spirituale: «E mai disperare della misericordia di Dio», ci raccomanda. Egli ha evidentemente provato che l'ascesi ci può facilmente portare alla disperazione, in quanto non raggiungiamo mai quanto vogliamo. Normalmente abbiamo questo strano rapporto nei confronti dei nostri difetti e fallimenti: o ci condanniamo o chiudiamo gli occhi. Sarebbe importante prendere in mano accuratamente i cocci della propria vita; ne può uscire qualcosa di nuovo.

Alcuni, soprattutto quelli arrivati a metà percorso della loro vita, hanno l'impressione di trovarsi davanti a un mucchio di cocci, e reagiscono con rassegnazione. Ma i cocci si possono ricomporre: forse il vecchio guscio della nostra vita era diventato troppo stretto, per cui doveva rompersi. Il fallimento può trasformarsi in opportunità. Spesso possiamo imparare di più dai nostri fallimenti che dai nostri successi. Secondo C.G. Jung una vita di successo è il più grande nemico della nostra trasformazione. Attraverso gli insuccessi e i fallimenti riconosciamo che soltanto Dio può costruire dalle rovine della nostra vita la sua casa, la casa della sua magnificenza. Questa è stata la ripetuta esperienza del popolo d'Israele: «Davvero il Signore ha pietà di Sion, ha pietà di tutte le sue rovine, rende il suo deserto come l'Eden, la sua steppa come il giardino del Signore» (*Is* 51,3).

Se nonostante i miei sforzi ricado continuamente negli stessi errori oppure se, nonostante la mia ascesi, mi capita di commettere un peccato penoso, allora grazie ai miei fallimenti è possibile che mi liberi da tutto il mio essere indaffarato egocentrico. Anziché rimproverarmi, tendo le mie mani vuote a Dio. Ecco che non volgerò lo sguardo al mio peccato, ma a Dio misericordioso che mi ama nonostante tutto. Potrò finalmente capire che non ho niente da esibire a Dio, che la mia ascesi era purtroppo improntata all'ambizione di essere ben piazzato davanti a Dio. Se invece sto davanti a Dio nel mio peccato, andrà a pezzi la mia ambizione. Sarò così libero da ogni pungolo di prestazione meritocratica che perseguo nel mio cammino spirituale. Tenderò le mani vuote arrendendomi a Dio, e sperimenterò una nuova specie di pace e di libertà, non essendo tenuto a nessun tipo di prestazione.

È Dio che mi trasforma, che mi apre a lui attraverso i miei fallimenti e peccati, attraverso i miei insuccessi e delusioni, affinché io smetta finalmente di scambiare Dio con la mia virtù, e mi consegni a lui anima e corpo. A questo varco incontrerò il vero Dio, che mi accoglie per farmi vivere, a lui ho cantato nella mia professione religiosa: «Accoglimi, o Signore, secondo la tua parola. Fa' che io non venga travolto dal mio falso bramare».

Come vivere la spiritualità dal basso in comunità

La spiritualità dal basso esige un diverso rapporto con la comunità. Nei conventi, ma anche nelle parrocchie e nelle comunità civili, si sente spesso il lamento che la comunità non corrisponde all'ideale, che ivi, contrariamente alle grandi aspettative, accadono tanti intrighi e astiosità. Si cerca per lo più di riflettere su come si possa corrispondere meglio all'ideale prefissato, ma così è facile imporre alla vita di comunità una forma ideale irrealizzabile. Sarebbe molto meglio invece ascoltare 'l'abbaiare dei cani' nella comunità. Là dove ci si blocca, dove i confratelli sono malcontenti, dove brontolano, dovremmo cercare il tesoro. L'abbaiare dei cani ci costringe a ridimensionare le nostre visioni idealistiche e a calarci nella realtà. Là potremmo scoprire quali blocchi, ma anche quali energie sono nascoste nella comunità; è qui che bisogna far leva per trasformarla.

Nella nostra società è usuale che chi sbaglia paga. Se un politico fa un errore, da tutte le parti si leva subito il grido che deve dimettersi. Ma in questo modo succede anche che alleviamo politici i quali non osano più niente, avendo paura di commettere errori. La politica perde allora ogni creatività. Chi vuole veramente raggiungere qualcosa, deve anche rischiare di sbagliare. Il perfezionismo, da cui è dominata la nostra società, blocca quei politici che vogliono impegnarsi a fondo per la gente e cercano nuove modalità di convivenza.

Nella chiesa la situazione non cambia di molto. Tutti quelli che hanno delle cariche cercano di rimanere degli irreprensibili 'cavalieri senza macchia', per paura che in pubblico si mettano a nudo i loro difetti o debolezze. Ma anche questo atteggiamento produce dei conformisti che non osano più niente. Richard Rohr vede questo tipo di persona rappresentato dall'uomo dalla *mano inaridita* (*Mc* 3,1-6), il quale per paura di 'bruciarsi le dita' tiene ritratta la sua mano, che in questo modo si è inaridita. Non si fa più niente, non si rischia più niente. Gesù comanda a quell'uomo: «Stendi la mano!» (*Mc* 3,5). Prendi tu stesso la tua vita in mano! Osa, rischia qualcosa!

Il popolo d'Israele ha sperimentato dolorosamente che la sua storia non era una storia di successi. Attraverso il crollo ha dovuto conoscere la propria inaffidabilità, ma anche che Dio non si stanca di rialzare e ricostruire. Sia nella storia della chiesa sia anche nella storia di famiglia ci sono sempre tali cedimenti, che normalmente teniamo nascosti. Non vogliamo avere a che fare con le negatività presenti nella storia della nostra famiglia.

Diversa invece è la storia di famiglia di Gesù, narrata da Matteo. Non vi è riportato un albero genealogico puro, ma uno che arriva a Gesù attraverso fratture e scandali. La chiara struttura dell'albero genealogico, articolato in tre blocchi e ogni blocco in 14 generazioni, indica che la provvidenza divina integra nel suo piano «anche quelle irregolarità provenienti dalla discendenza e dalla colpa» (*Grundmann*, 62).

Allora non è il caso di rappresentare la nostra genealogia più sana di quello che è. È proprio attraverso le fratture che Dio crea sempre qualcosa di nuovo, «ricostruisce le rovine delle generazioni passate» (*Is* 51,4). Un coraggioso riconoscimento delle colpe nella storia di famiglia e nella storia della chiesa avrebbe effetti liberatori; poiché la rimozione di colpa e il meccanismo del ricorrere alle scuse ci fissano al passato costringendoci a ripeterlo. Soltanto l'ammissione delle colpe commesse nella storia ci può preparare a un futuro più sano.

Jean Vanier, il fondatore di *Arche*, nel suo libro *Comunità. Luogo di riconciliazione e di festa* [Jaca Book, Milano 1991[2]] ha descritto in modo avvincente come una comunità non può vivere conforme a una spiritualità dall'alto: poiché gli ideali sublimi le impediscono di calarsi in una realtà fatta di persone reali ferite. Il trattamento che una comunità riserva ai malati e agli emarginati è un *test* della sua *communio* cristiana. A proposito della funzione dell'emarginato Vanier scrive:

> L'emarginato con le sue difficoltà ha qualcosa di profetico: la sua richiesta di veracità scuote la comunità. Troppe comunità sono costruite su sogni e su belle parole. Si parla sempre di amore, di verità e di pace. L'emarginato invece mette sul tappeto delle esigenze autentiche; il suo grido è un grido di verità. Dietro le belle parole egli fiuta il falso, avverte la distanza tra quello che si dice e quello che si vive (*Vanier*, 193s.).

Da sempre i malati sono lo specchio di una comunità. Se la comunità non vuol guardarsi in questo specchio, vuol dire che è impostata sulle bugie. In un organismo è sempre il membro più debole che si ammala; ma rivela anche qualcosa su tutto l'organismo. Lo stesso vale per una comunità. Per cui è importante accostare i malati, gli emarginati, i malcontenti, i criticoni, e dedicarsi a loro. È questa la spiritualità dal basso.

Benedetto da Norcia, che descrive la vita di comunità guidato dalla spiritualità dal basso, esige dall'abate che «si adatti e si conformi a tutti, secondo l'indole varia e la capacità di ciascuno, per non patire il danno dell'ovile che ha in custodia e anzi gioire dell'accrescimento del buon gregge» (*RB* 2,32). Adattarsi al singolo, «dirigere le anime servendo i molti caratteri» (*RB* 2,31), ciò richiede che l'abate si dedichi a ciascuno, si abbassi al livello del singolo e non lo sovraccarichi con ideali sublimi.

La guarigione avviene grazie alla dedizione svolta da chi si prende cura, si abbassa e si adatta all'ammalato. È interessante, Benedetto fa uso della parola 'fratello' soprattutto nei capitoli che trattano delle punizioni. È evidente che proprio in situazioni di crisi e di fallimento si ha più bisogno di consapevole dedizione fraterna, di riguardi fraterni e della fede a Cristo nel fratello. «L'abate con ogni sollecitudine si prenda cura dei fratelli colpevoli, perché "non i sani hanno bisogno del medico, ma gli ammalati"» (*RB* 27,1)

Il trattamento premuroso riguardo al confratello malato e in situazioni di crisi all'interno del convento è il distintivo di una comunità cristiana. Nelle nostre strutture produttive i malati non hanno alcuna opportunità. Gli stessi *manager* sono accantonati, quando si ammalano corporalmente o psichicamente, quando di colpo non funzionano più come prima. Con questa dura selezione è come programmato che i lavoratori si ammaleranno sempre di più. Vedere nel malato lo specchio di sé e della comunità, e trattarlo con «somma premura e con ogni accortezza e diligenza» (*RB* 27,5) contrassegna la comunità cristiana e procura una durevole vita d'insieme più umana e più sana.

4.
L'umiltà e l'umorismo, tratti fondamentali dell'esistenza cristiana

La spiritualità dal basso è solo un'altra parola per dire 'cammino dell'umiltà', come l'hanno descritto gli antichi monaci. Se, conformemente a Benedetto e alla tradizione cui attinge, concepiamo l'umiltà soprattutto come atteggiamento religioso, non la assoceremo alle espressioni negative quali piegarsi come 'un lacchè', strisciare, scansare le sfide della vita, atteggiamento di falsa modestia con cui si camuffa un mal celato egoismo.

L'umiltà non è una virtù che possiamo acquisire noi stessi con l'esercizio, ma espressione dell'esperienza di Dio e della nostra realtà; essa è la via da percorrere scendendo nel proprio *humus*, nella propria 'terrenità'. Questa familiarità con l'*humus* ci conduce all'*humor* (umorismo). Un aspetto essenziale dell'umiltà è di essere rilassata al punto di fare dell'umorismo sia su se stessi sia sul mondo esterno. Ma l'umiltà descrive anche il cammino verso il fallimento, verso il punto zero, dove si crea una rottura (*zerbrechen*) della nostra vita, che è insieme breccia di accesso (*aufbrechen*) per Dio. Se noi ci riconciliassimo col fatto che il cammino dell'umiltà è il nostro stesso cammino diretto a Dio, non continueremmo a combattere contro la nostra natura, lasceremmo perdere gli inutili tentativi tesi a migliorarci.

Nell'accompagnamento (o direzione) spirituale vengo a conoscenza continuamente dei propositi delle persone: superare i propri difetti, sviluppare maggiore fiducia in se stessi, essere più forti. Queste persone sono poi enormemente deluse se, malgrado tali propositi, continuano a essere ipersensibili e vulnerabili. Ma è proprio il fallimento dei nostri sforzi, tesi ad acquisire uno stato di calma e di sicurezza, di autofiducia e di forza, che ci può infrangere aprendoci al vero Dio. Se ci riconciliamo col fatto di essere bambini feriti, suscettibili, bisognosi di amore, dipendenti dalla lode e dal biasimo, diventeremo più umani, più di quanto non ci fossimo resi insensibili e sicuri di sé. Allora saremo più capaci di relazioni autentiche, più di quanto non fossimo riusciti a rimarginare tutte le nostre ferite. Capiremo maggiormente Dio, più di quanto non fossimo riusciti a raggiungere l'ideale.

Una spiritualità guidata dall'umiltà non porta una persona ad abbassarsi in modo artificiale, a scusarsi di essere al mondo. L'umiltà fa acquisire piuttosto la veracità interiore, la calma e l'umorismo. In quest'ultimo è implicita l'idea che a tutto ciò che è in noi è permesso di esistere, che noi, essendo derivati dalla terra, non dobbiamo rifuggire da ciò che è terreno. L'umorismo è dunque riconciliazione con la nostra umanità, 'terrenità' e caducità. In esso è implicita l'idea di accettare se stessi così come si è. Il sociologo P.L. Berger chiama l'umorismo un 'segno della trascendenza'. Con l'umorismo si supera e si padroneggia spiritualmente una situazione avversa, da una parte adattandosi alla stessa, dall'altra relativizzandola e trascendendola dal punto di vista di Dio. Mentre l'umorismo si adatta alla realtà e così la trasforma, l'idealismo può diventare per noi fuga dalla realtà. Poiché non siamo quello che vorremmo essere, ecco che fuggiamo in ideali sublimi, sviluppiamo teorie della vita spirituale che non hanno niente a che vedere con la nostra realtà quotidiana.

Heinrich Lützeler ritiene che l'umorismo ha sempre a che fare con lo smascheramento della realtà:

> Le grandi figure della comicità – per esempio Aristofane, Shakespeare, Cervantes, Molière – erano dei realisti cui niente, di ciò che è umano, era estraneo. Dietro mille paludamenti, dietro quinte fastose e frasi altisonanti coglievano infallibilmente il 'troppo umano' (*allzumenschlich*) (*Lützeler*, 12).

L'umorismo è anzitutto autosmascheramento che ci libera dalla mania di sentirsi un monumento. Nell'umorismo si trova la giusta misura di se stessi, liberandoci soprattutto da ogni *pathos* con cui così volentieri ci gonfiamo.

> L'uomo che guarda i propri difetti sorridendo e l'uomo che sorridendo sa di essere impelagato nella materia confusa sono entrambi incamminati verso l'umorismo; entrambi rico-

> noscono lucidamente i lati negativi del mondo, però non ostinandosi, non disperando, non mormorando, non rimanendo freddi, bensì, malgrado tutto, amando questa bella terra, animati dalla segreta convinzione che anche i lati negativi sono in qualche modo in ordine (*ibid.*, 23s.).

> L'umorismo è cresciuto nell'imperfezione terrena ed è sbocciato nell'amore al mondo; conosce il piccolo e il grande. È abbastanza libero per non arrabbiarsi per delle piccole cose. Che grossa mancanza di fede sarebbe quella di credere che l'ancorché irritante fare errori e confusioni dell'uomo possa disturbare il grande ordine! Non bisogna prendere tutto così sul serio. Solo così saremo capaci di rispondere a ciò che il Cielo ci manda e come il Cielo vuole: calmi, profondamente sereni, avendo fiducia fino in fondo (*ibid.*, 41).

In ultima analisi l'umorismo non è tanto questione di carattere quanto di fede. L'umorista dice di sì al suo destino, «essendo convinto che anche il nulla, che è l'uomo, è tenuto in vita dalla volontà di Dio e pervaso dal suo amore» (*ibid.*, 54). I concetti fondamentali dell'umorismo: libertà, misura, completezza, gioco «sono nel contempo istanze intime dell'uomo religioso».

> Nessuno vive di Dio che non sia libero dalle cose e non viva nella completezza, che non riconosca la misura e l'ordine di ciascuno, che non realizzi il proprio esserci come un gioioso effondersi davanti al creatore di tutto l'essere (*ibid.*, 55).

Non è casuale che tutte le vie dottrinali dell'Oriente e dell'Occidente portino all'umiltà. Il riconoscimento della nostra umanità non è solo la condizione per un'autentica maturazione umana, ma anche il presupposto per una vera esperienza di Dio. Senza umiltà cadiamo facilmente nel pericolo di asservire Dio a noi. Ecco perché proprio i mistici esigono l'umiltà; senza la quale il mistico troppo facilmente si identificherebbe con Dio. Nel qual caso non ci sarebbe più alcuna distanza tra Dio in noi e il nostro Sé. La tensione che intercorre tra la nostra umanità terrena e il dono della grazia divina, che ci compenetra facendoci tempio di Dio, appartiene essenzialmente alla vita spirituale.

Siamo in grado di accettare il dono della grazia soltanto se siamo consci della nostra umanità. Non è quindi esagerato se persone, pur con molta esperienza di spiritualità, parlano ripetutamente dell'umiltà. Esse infatti hanno sperimentato che si possono avvicinare a Dio solo in umiltà. L'umiltà è il polo terreno del nostro cammino spirituale: quanto più è profonda l'esperienza di Dio, tanto più accentuato deve essere il polo opposto dell'umanità e dell'*humilitas*. Altrimenti correremmo il pericolo di identificarci con Dio e di asservirlo ai nostri interessi.

L'umiltà protegge il nostro incontro con Dio dall'ipertrofia (*Inflation*) spirituale, dalla falsa identificazione con Dio. Quanto più mi identifico con un'immagine archetipica, tanto più perdo di vista la mia realtà. Avviene in me una scissione lacerante, dovendo sempre più chiudere gli occhi alla mia realtà. L'umiltà è il fondamento che ci protegge, nel nostro cammino verso Dio, dal pericolo di innalzarci al suo livello, saltando il nostro essere uomini. Ci preserva dalla superbia che rappresenta il massimo pericolo delle persone religiose.

L'umiltà nel monachesimo più antico non è solo il sentimento della bassezza e della 'terrenità', ma è anche strettamente accoppiata alla mansuetudine. 'Umile' in greco si dice *tapeinós*, anche *praýs* si traduce spesso con 'umile'; ma *praýs* significa anche 'mansueto', 'benigno'. Per Evagrio Pontico la mansuetudine è il contrassegno del padre-guida spirituale. Mansuetudine significa la mitezza nel guardare noi stessi e gli altri, la misericordia verso gli sbagli e le debolezze nostri e altrui. Nella mansuetudine di una persona traspare il fatto che l'umile concezione di se stessa l'ha trasformata nel suo intimo. Evagrio mette in guardia dall'esercizio dell'astinenza senza la mansuetudine: «La mansuetudine reprime soltanto il corpo, ma la mansuetudine dà occhi all'intelletto!» (*Lettera* 27,4). La mansuetudine è il presupposto delle vera contemplazione. Ragion per cui Evagrio ripetutamente addita ai suoi monaci Mosè, che «era molto più mansueto di ogni uomo che è sulla terra» (*Nm* 12,3; *Lettera* 27,2). Potremo come Mosè guardare Dio, solo se impariamo la sua mansuetudine; senza la quale l'ascesi non fa che offuscare il nostro spirito. Perciò Evagrio ammonisce un discepolo: «Ma non dimenticare soprattutto la mansuetudine e la posatezza, che purificano l'anima e insegnano la 'conoscenza di Cristo' (= contemplazione)» (*Lettera* 34,2).

Il Nuovo Testamento intende l'umiltà non solo in rapporto a Dio, ma anche agli uomini. Per cui l'umiltà appare in compagnia della mansuetudine, della mitezza, della magnanimità: «Rivestitevi dunque, come amati di Dio, santi e diletti, di sentimenti di misericordia, di bontà, di umiltà, di mansuetudine, di pazienza» (*Col* 3,12). Con questi cinque termini Paolo descrive il comportamento di Dio nei nostri confronti, e nello stesso tempo l'agire dell'uomo nuovo che è stato redento da Cristo.

L'umile non disprezza il fratello e la sorella, ma vede in loro Cristo. Fa parte dunque dell'umiltà anche il rispetto del mistero dell'altro, e il grande cuore in cui trovano rifugio anche i fratelli e le sorelle. A chi ha incontrato la propria umanità, tutto ciò che è umano non è più estraneo. È riconciliato con tutto l'umano che gli capita d'incontrare, perciò anche col debole e col malato, con l'imperfetto e col fallito. Vede che tutto è abbracciato dallo sguardo mite di Dio, dalla visione misericordiosa di Gesù. Per cui egli stesso non può che guardare con misericordia e mitezza tutto ciò che incontra nella sua anima e negli uomini. La mansuetudine non è un comportamento che scaturisce dal suo carattere, non è espressione di mancanza di aggressività, ma è in definitiva espressione della fede nel Dio misericordioso che ha fatto discendere suo figlio Gesù Cristo nella realtà di questa terra.

Gesù Cristo ha accolto tutti gli uomini e così li ha redenti. Nella sua umanità ha portato con sé in cielo tutte le nostre debolezze e limiti umani. Siccome è disceso nelle profondità della terra, per questo è asceso al cielo. E ha così additato anche a noi la strada: non possiamo ascendere al cielo se non siamo disposti a discendere nell'*humus*, nella 'terrenità', nel buio, nell'inconscio, nella nostra debolezza umana. Il paradosso dell'ascesa spirituale, che Benedetto ha posto all'inizio del capitolo sull'umiltà, è anche il paradosso di ogni cammino spirituale: ascendiamo a Dio discendendo nel nostro essere umano. Ecco la via della libertà, dell'amore e dell'umiltà, la via della mansuetudine e della misericordia, la via di Gesù e la nostra.

Il fine dell'umiltà è l'amore che fuga ogni paura. Essendo discesi nell'umiltà e nell'inferno delle nostre lacerazioni, abbiamo perso ogni paura dell'inferno eterno. Abbiamo scoperto Cristo stesso in mezzo all'inferno della nostra anima; egli vi ha gettato dentro la luce e l'ha così trasformato. L'angoscia angustia! L'espulsione della paura-angoscia dal cammino dell'umiltà ha come frutto l'espansione del cuore. Perciò alla fine del cammino dell'umiltà vale quanto Benedetto dice a conclusione del prologo concernente il cammino monastico: «Col progresso poi della vita spirituale e della fede, dilatato il cuore, con indicibile felicità d'amore, si percorre la via dei comandamenti di Dio» (*RB* prologo 49). Il cuore, cui niente di umano è estraneo, è dilatato e inondato dall'amore di Dio che trasforma tutto ciò che è umano.

Il cammino dell'umiltà è il cammino della trasformazione. L'uomo incontra nella spiritualità dal basso la sua realtà e la presenta a Dio, che trasforma questa realtà in amore così che tutto sia permeabile allo Spirito di Dio.

Conclusione

Nell'accompagnamento o direzione spirituale sperimentiamo in continuazione come le persone soffrano a causa della loro spiritualità dall'alto. Abbastanza spesso i loro ideali le sovraccaricano spiritualmente. È come se si fossero imposte un corsetto spirituale troppo stretto che talora le ha fatte ammalare. Quando prospettiamo loro la spiritualità dal basso e le invitiamo a percorrerla, avvertono ciò come una liberazione e una guarigione. Ma nello stesso tempo cerchiamo di dire ai nostri visitatori/visitatrici che anche la spiritualità dall'alto, da loro finora praticata, era buona, se non altro perché le ha costrette a lavorare sodo su se stesse.

Volendo esprimerci per immagini: la loro spiritualità dall'alto è simile a una pietra che un uomo cattivo aveva posto nella corona di una giovane palma, per danneggiarla. Ma quando dopo alcuni anni ritornò, quella giovane pianta era diventata la palma più bella e più alta. La pietra l'aveva costretta a mettere le radici più in profondità. Così anche i nostri ideali ci costringono sovente a mettere radici più profonde. Ma le radici devono essere così forti da non avvertire più la pesantezza della pietra.

Se praticassimo soltanto la spiritualità dall'alto, le sue richieste diventerebbero eccessive, prima o poi ci stancheremmo. Pur coltivando molto la disciplina, una volta ci capiterà anche di confrontarci con la nostra mancanza di disciplina; pur coltivando gli ideali, ci capiterà anche di sperimentare i lati deboli della nostra vita. Al più tardi a metà percorso della nostra vita è necessario permettere il polo contrario, che pure convive in noi, cioè la parte in ombra. Entrerà così in azione la spiritualità dal basso: su questa nuova via dovremo trovare il coraggio di percepire e di seguire la voce di Dio nel nostro cuore, nelle nostre passioni, nei sentimenti, nei sogni, nel nostro corpo. Sarà allora giunto il momento di rompere il corsetto troppo stretto in cui ci eravamo costretti, affinché venga a fioritura l'immagine-progetto che Dio ha di noi.

È nostra intenzione, caro lettore, cara lettrice, mostrarvi che il cammino spirituale, da voi finora percorso, aveva senso, che Dio stesso attraverso la vostra ascesi e i vostri ideali vi ha condotto in questa strettoia, in questa impotenza, affinché ora vi arrendiate a Dio lasciandovi cadere nelle sue braccia. È presumibile che senza la spiritualità dall'alto non sareste così facilmente andati a finire in tale strettoia spirituale. Riconciliatevi quindi con il cammino finora percorso: andava bene così, anche se talora era unilaterale. Una spiritualità sana ci mostra sempre i due poli: luci e ombre, forza e debolezza, larghezza e strettezza. Una volta o l'altra capita però che ogni strada finisca nella strettoia, dove non sappiamo più come andare avanti. Non spaventatevi, la strettoia è un'opportunità per far breccia nella vera vita, libera dalle illusioni che ci siamo fatte circa l'esistenza.

Sarebbe tragico soltanto se, in tale situazione di ristrettezza, menassimo colpi all'impazzata e cercassimo di uscirne con violenza. Sarebbe come battere la testa contro il muro fino a sanguinare o forse addirittura a morire dissanguati. In tale situazione di impotenza dobbiamo cessare di combattere. Possiamo solo pregare col *de profundis* che Dio ci sollevi dall'impotenza. Se ci riconciliamo con la nostra impotenza, questa si tramuterà in un'autentica esperienza di Dio. Allora con le mani vuote, spossati dal lavoro, estenuati e feriti, incontreremo il Dio che ci redime e libera. Allora apriremo le mani e, giunti sul fondo della nostra impotenza, sperimenteremo la potente grazia di Dio, l'amore di Dio che comprendiamo veramente solo quando siamo spiritualmente al capolinea, quando abbiamo accantonato l'idea di volerci migliorare con le sole nostre forze. Solo in tale situazione angusta potremo riconoscere con Paolo che cosa è veramente la grazia di Dio: una forza che arriva a compimento proprio nella nostra debolezza.

Bibliografia

R. ASSAGIOLI, *Psichosynthese*, Adliswil 1998 [ed. it., *Psicosintesi*, Mediterranee, Roma 1991].

Benediktus-Regel, Beuron 1992 (cit. *RB*) [ed. it., GREGORIO MAGNO, *Vita di San Benedetto e la Regola*, Città Nuova, Roma 1995].

G. BERNANOS, *Tagesbuch eines Landpfarrers*, München 1949 [trad. it., *Diario di un curato di campagna*, Oscar Mondadori, Milano 1965].

W. BITTER (ed.), *Meditation in Religion und Psychotherapie*, Stuttgart 1958.

A. BÖCKMANN, *Perspektiven der Regula Benedicti*, Münsterschwarzach 1986.

O.F. BOLLNOW, *Wesen und Wandel der Tugenden*, Frankfurt a. M. 1965.

J. BRADSHAW, *Das Kind in uns. Wie finde ich zu mir selbst?*, München 1992 [trad. It., *Come ritrovarsi*, Sperling, Milano 1998].

O. CLÉMENT, *Das Meer in der Muschel*, Freiburg i. Br. 1977.

Des hl. Abtes Dorotheus Geistliche Gespräche, Kevelaer 1928.

E. DREWERMANN, *Kleriker. Psychogramm eines Ideals*, Olten 1989 [trad. it., *Funzionari di Dio. Psicogramma di un'idea*, Raetia, Bolzano 1995].

ID., *Frau Holle. Grimms Märchen tiefenpsychologisch gedeutet*, Olten 1982.

K.G. DÜRCKHEIM, *Überweltliches Leben in der Welt. Der Sinn der Mündigkeit*, Weilheim 1968.

A. GÖRRES, *Der Leib und das Heil: Caro cardo salutis*, in K. RAHNER (ed.), *Der Leib und das Heil*, Mainz 1967, 7-28.

G. GREENE, *Das Ende einer Affäre*, Hamburg 1974 [trad. it., *Fine di una storia*, Mondadori, Milano 2000].

W. GRUNDMANN, *Das Evangelium nach Matthäus*, Berlin 1968.

H. HALBFAS, *Der Sprung in den Brunnen. Eine Gebetsschule*, Düsseldorf 1981 [trad. it., *Tuffarsi in profondità. Una scuola di preghiera*, Quariniana, Brescia 1996].

H. HESSE, *Gesammelte Schriften*, VII, Berlin 1975.

C.G. JUNG, *Briefe* III, Olten 1973.

ID., *Gesammelte Werke*, XVI e XVIII, Zürich 1958 e 1973 [trad. it., *Opere*, 16 e 18, Bollati Boringhieri, Torino 1981 e 1993].

TH. KLAUSER *et alii* (edd.), *Reallexikon für Antike und Christentum*, Stuttgart 1941 (1950ss.) (cit. *RAC*).

J. LAFRANCE, *Der Schrei des Gebetes*, Münsterschwarzach 1983.

W. LAIBLIN, *Symbolik der Wandlung im Märchen*, in W. BITTER (ed.), *Die Wandlung in Seelsorge und Psychotherapie*, Göttingen 1956, 276-300.

A. LOUF, *Demut und Gehorsam bei der Einführung ins Mönchsleben*, Münsterschwarzach 1979 [cfr. in it., *L'umiltà*, Qiqajon, Magnano 2000].

P. LUISLAMPE, *Demut als Weg menschlicher Reifung. Hermeneutische Schritte zum 7. Kapitel der Regula Benedicti*, in *Itinera Domini. Miscellanea in onore di Emmanuel von Severus*, Münster 1988, 17-30.

H. LÜTZELER, *Über den Humor*, Zürich 1966.

B. MILLER (ed.), *Apophtegmen*, in *Weisung der Väter*, Trier 1998 (cit. *Apo*) [ffr. L. COCO (ed.), *Detti dei padri del deserto. Serie alfabetica*, Fabbri, Milano 1997].

D.L. MILLER, *The Two Sandals Offenbarung Christ: Descent into History and into Hell*, in A. PORTMANN - R. RITSEMA (edd.), *Aufstieg und Abstieg*, Frankfurt a. M. 1982, 147-222.

W. MÜLLER, *Begegnung, die vom Herzen kommt*, Mainz 1993 [cfr. in it., *L'arte di volersi bene*, San Paolo, Cinisello B. 2004].

IAAK VON NINIVE, in *Ausgewählte Schriften der syrischen Kirchenväter*, Kempten 1984.

Patrologia latina, testi dei padri latini (cit. *PL*).

EVAGRIOS PONTIKOS, *Briefe aus der Wüste*, ed. da G. Bunge, Trier 1986.

ID., *Praktikos. Über das Gebet*, Müsterschwarzach 1986 [trad. it., *La preghiera*, Città Nuova, Roma 1999].

K. RAHNER, *Über die Erfahrung der Gnade*, in *Schriften zur Theologie III*, Einsiedeln 1957, 105-110 [cfr., *Saggi di antropologia culturale*, Paoline, Roma 1969].

J.A. SANFORD, *Alles Leben ist innerlich. Meditationen über Worte Jesu*, Olten 1974.

K.H. SCHELKLE, *Der 2. Brief an die Korinther*, Düsseldorf 1964 [trad. it., *Seconda lettera ai Corinti*, Città Nuova, Roma 1968].

CH. SCHÜTZ, *Einsamkeit*, in *Lexikon der Spiritualität*, Freiburg i. Br. 1988.

I. SMOLITSCH, *Leben und Lehre der Starzen*, Wien 1936. [trad. it., *Santità e preghiera. Vita e insegnamenti degli 'starets' della Santa Russia*, Gribaudi, Torino 1984].

B. STEIDLE, *Beiträge zum alten Mönchtum und zur Benediktsregel*, Sigmaringen 1986.

J. VANIER, *Ort der Versöhnung und des Festes*, Salzburg 1983 [trad. it., *La comunità luogo del perdono e della festa*, Jaca Book, Milano 1995].

J. WELLWOOD, *Principles Offenbarung inner work: Psychological and spiritual*, in *JTP* 1 (1984) 63-73.

Indice

Introduzione 5

1. Spiritualità dall'alto: tendere all'ideale 11

2. Fondazione di una spiritualità dal basso: scendere nei sotterranei della propria realtà 17

Esempi biblici 17

La tradizione del monachesimo 28

La Regola di Benedetto da Norcia 34

Aspetti psicologici 46

Spiritualità dal basso nelle fiabe 54

3. Come sviluppare una spiritualità dal basso 61

Dialogare con i propri pensieri e sentimenti 65

Dialogare con le proprie malattie 81

Dialogare con i propri traumi e ferite 87
Esperienze di impotenza e di fallimento spirituali 93
Come vivere la spiritualità dal basso in comunità 101

4. L'umiltà e l'umorismo, tratti fondamentali dell'esistenza cristiana 107

Conclusione 115

Bibliografia 119

dello stesso autore presso la Queriniana

Collana
Commento Spirituale ai Vangeli

Gesù, porta della vita.
Il Vangelo di Giovanni
3ª edizione – pagg. 196 – ISBN 978-88-399-1271-8

Gesù, immagine dell'uomo.
Il Vangelo di Luca
3ª edizione – pagg. 184 – ISBN 978-88-399-1272-5

Gesù, maestro di salvezza.
Il Vangelo di Matteo
2ª edizione – pagg. 184 – ISBN 978-88-399-1273-2

Gesù, via alla libertà.
Il Vangelo di Marco
2ª edizione – pagg. 180 – ISBN 978-88-399-1274-9

Collana
I Sacramenti

Il battesimo.
Celebrazione della vita
6ª edizione – pagg. 96 – ISBN 978-88-399-1261-9

Il matrimonio.
Benedizione per una vita insieme
6ª edizione – pagg. 96 – ISBN 978-88-399-1262-6

La cresima.
Responsabilità e forza dallo Spirito
5ª edizione – pagg. 84 – ISBN 978-88-399-1263-3

L'eucaristia.
Trasformarsi e diventare una cosa sola
6ª edizione – pagg. 108 – ISBN 978-88-399-1264-0

Il sacramento dell'ordine.
Vivere da sacerdote
2ª edizione – pagg. 96 – ISBN 978-88-399-1265-7

La confessione.
Celebrare la riconciliazione
5ª edizione – pagg. 96 – ISBN 978-88-399-1266-4

L'unzione degli infermi.
Consolazione e tenerezza
2ª edizione – pagg. 72 – ISBN 978-88-399-1267-1

Collana
Books

Leadership con valori
2ª edizione – pagg. 208 – ISBN 978-88-399-2852-8

Ascolta, e la tua anima vivrà.
La forza spirituale della musica
pagg. 136 – ISBN 978-88-399-2870-2

Che cos'è l'anima?
Il mio mistero – la mia forza
pagg. 192 – ISBN 978-88-399-2871-9

Usare il denaro in modo etico
pagg. 240 – ISBN 978-88-399-2873-3

Collana
Itinerari Biblici

La vostra gioia sia piena.
Il messaggio di Paolo ai cristiani di Filippi
2ª edizione – pagg. 96 – ISBN 978-88-399-2905-1

Paolo e l'esperienza religiosa cristiana
2ª edizione – pagg. 152 – ISBN 978-88-399-2908-2

dello stesso autore presso la Queriniana

Collana Sintesi

Benedetto da Norcia
pagg. 168 – ISBN 978-88-399-2955-6

Collana Spiritualità

Come essere in armonia con se stessi
10ª edizione – pagg. 144 – ISBN 978-88-399-1357-9

I rituali della vita. Vie per trovare sicurezza gioia
4ª edizione – pagg. 180 – ISBN 978-88-399-1370-8

A onore del cielo – come segno per la terra La maturità umana nella vita religiosa
2ª edizione – pagg. 216 – ISBN 978-88-399-1380-7

Non farti del male
9ª edizione – pagg. 152 – ISBN 978-88-399-1385-2

Ritrovare la propria gioia
5ª edizione – pagg. 176 – ISBN 978-88-399-1390-6

Scoprire la ricchezza della vita Immagini bibliche per una cura d'anime che guarisce
4ª edizione – pagg. 152 – ISBN 978-88-399-1392-0

Abitare nella casa dell'amore
5ª edizione – pagg. 176 – ISBN 978-88-399-1393-7

La pace del cuore
6ª edizione – pagg. 184 – ISBN 978-88-399-1397-5

Come vincere nelle sconfitte
3ª edizione – pagg. 168 – ISBN 978-88-399-1649-5

Il libro dell'arte della vita
4ª edizione – pagg. 272 – ISBN 978-88-399-1651-8

Il libro del desiderio
2ª edizione – pagg. 224 – ISBN 978-88-399-1654-9

Spiritualità dal basso
5ª edizione – pagg. 128 – ISBN 978-88-399-1657-0

Redenzione. Il suo significato nella nostra vita
pagg. 184 – ISBN 978-88-399-1658-7

Il senso del limite. Impulsi spirituali per riuscire a incontrarci
2ª edizione – pagg. 224 – ISBN 978-88-399-1662-4

Nella dimensione del tempo dei monaci. Come vivere il tempo
2ª edizione – pagg. 208 – ISBN 978-88-399-1665-5

Le sorgenti della forza interiore Evitare l'esaurimento – Sfruttare le energie positive
3ª edizione – pagg. 192 – ISBN 978-88-399-1666-2

Che cosa ho fatto per meritare questo? La giustizia incomprensibile di Dio
3ª edizione – pagg. 168 – ISBN 978-88-399-1667-9

Trasforma la tua angoscia Una via verso una maggiore vitalità – Impulsi spirituali
2ª edizione – pagg. 192 – ISBN 978-88-399-1668-6

Essere persona umana completa. La forza di una fede matura
2ª edizione – pagg. 168 – ISBN 978-88-399-1670-9

dello stesso autore presso la Queriniana

La salute come compito spirituale
2ª edizione – pagg. 136 – ISBN 978-88-399-1673-0

Lo spazio interiore
2ª edizione – pagg. 88 – ISBN 978-88-399-1675-4

Fiducia. Rintraccia la tua forza di vita
2ª edizione – pagg. 192 – ISBN 978-88-399-1677-8

Perché il mondo sia trasformato. Le sette opere di misericordia
pagg. 136 – ISBN 978-88-399-1678-5

Percorsi nella depressione
2ª edizione – pagg. 232 – ISBN 978-88-399-1679-2

Alla ricerca dell'equilibrio interiore
2ª edizione – pagg. 168 – ISBN 978-88-399-1680-8

L'avventura della vita. Guida spirituale per la famiglia
pagg. 256 – ISBN 978-88-399-1681-5

Ritrovarsi nel silenzio. Esperienze monastiche per la vita quotidiana
pagg. 136 – ISBN 978-88-399-1682-2

50 rituali per la vita
pagg. 184 – ISBN 978-88-399-1683-9

La vita è adesso
pagg. 216 – ISBN 978-88-399-1686-0

La verità ci rende amici. Come i cristiani vogliono vivere insieme domani
pagg. 288 – ISBN 978-88-399-1687-7

Confidare nella trasformazione. Come la nostra vita diventa integra
pagg. 136 – ISBN 978-88-399-1689-1

Collana Meditazioni

Il cielo comincia in te. L'attualità della sapienza dei Padri del deserto
7ª edizione – pagg. 200 – ISBN 978-88-399-1540-5

Arrivederci in cielo
11ª edizione – pagg. 64 – ISBN 978-88-399-1545-0

Natale – celebrare un nuovo inizio. Festa tra i tempi
4ª edizione – pagg. 256 – ISBN 978-88-399-1547-4

50 angeli per accompagnarti durante l'anno Breve trattato di spiritualità quotidiana
7ª edizione – pagg. 256 – ISBN 978-88-399-1549-8

Se avessi un solo giorno ancora da vivere
5ª edizione – pagg. 64 – ISBN 978-88-399-2233-5

Vivere il Natale
6ª edizione – pagg. 60 – ISBN 978-88-399-2236-6

Gustare la gioia pasquale. 50 provocazioni
3ª edizione – pagg. 208 – ISBN 978-88-399-2237-3

La via della Croce
4ª edizione – pagg. 56 – ISBN 978-88-399-2239-7

Vivere la Pasqua
4ª edizione – pagg. 56 – ISBN 978-88-399-2240-3

Ciascuno cerca il suo angelo
4ª edizione – pagg. 200 – ISBN 978-88-399-2241-0

dello stesso autore presso la Queriniana

L'amicizia
4ª edizione – pagg. 48 – ISBN 978-88-399-2243-4

Ti ho chiamato per nome. Per l'onomastico
2ª edizione – pagg. 48 – ISBN 978-88-399-2244-1

50 angeli per l'anima
4ª edizione – pagg. 256 – ISBN 978-88-399-2245-8

La via del deserto.
40 detti dei Padri del deserto
3ª edizione – pagg. 152 – ISBN 978-88-399-2248-9

Nella morte la vita
3ª edizione – pagg. 136 – ISBN 978-88-399-2249-6

Le feste di Maria come guide di vita.
Una prospettiva ecumenica
pagg. 128 – ISBN 978-88-399-2251-9

Terapia dei pensieri
6ª edizione – pagg. 112 – ISBN 978-88-399-2252-6

Scoprire i Santi per la nostra vita
2ª edizione – pagg. 272 – ISBN 978-88-399-2254-0

Il breve libro dell'amicizia
3ª edizione – pagg. 120 – ISBN 978-88-399-2255-7

Prega e lavora. Una regola di vita cristiana
2ª edizione – pagg. 152 – ISBN 978-88-399-2257-1

Apri il tuo cuore all'amore
3ª edizione – pagg. 72 – ISBN 978-88-399-2264-9

Il piccolo libro del piacere di vivere
3ª edizione – pagg. 168 – ISBN 978-88-399-2265-6

A ogni giorno la sua benedizione
Preghiere del mattino e della sera
per i sette giorni della settimana
2ª edizione – pagg. 116 – ISBN 978-88-399-2269-4

Tu sei una benedizione
2ª edizione – pagg. 104 – ISBN 978-88-399-2270-0

Ogni giorno un passo verso la felicità
3ª edizione – pagg. 136 – ISBN 978-88-399-2271-7

Il piccolo libro della vita buona
2ª edizione – pagg. 240 – ISBN 978-88-399-2274-8

Non preoccuparti – sii in armonia
2ª edizione – pagg. 136 – ISBN 978-88-399-2281-6

Donami un cuore aperto. Preghiere
pagg. 136 – ISBN 978-88-399-2282-3

Quando ti invoco, rispondimi.
Salmi, che accompagnano la mia vita
pagg. 168 – ISBN 978-88-399-2283-0

La meraviglia dell'attimo
2ª edizione – pagg. 64 – ISBN 978-88-399-2284-7

I gesti della preghiera
pagg. 112 – ISBN 978-88-399-2285-4

Sette passi nella vita
Le parole di Gesù sulla croce –
aprirsi alla Pasqua
pagg. 160 – isbn 978-88-399-2287-8

Auguri per un felice matrimonio
pagg. 128 – isbn 978-88-399-2288-5